AF495812

Ce petit livre quoique d'un historien peu estimé est très curieux on y trouve tout ce qui a été dit de bon ou de mauvais dans les autres livres sur la loy Salique. il y a surtout des endroits singuliers aux quels j'ai fait des marques.

TRAICTÉ DE LA LOY SALIQVE,

Armes, blasons, & deuises des François.

Retirez des anciennes Chartres, Panchartes, Chroniques & Annalles
de France.

Par C. MALINGRE Hystoriographe.

Gallorum Imperij successor masculus esto.

A PARIS,

Chez CLAVDE COLLET, tenant sa bou-
tique au Palais, en la gallerie des
Prisonniers.

M. D. C. XIV.

TRAITÉ
DE LA LOI
SALIQUE

Aimées Italiens et loi des
des François

Écrits des ... Bretons ...
et leurs chroniques et annales
de France

par G. M. ... Hydrographe

PARIS

chez Cravat ...
... au ...
... des ...
Colonnes

A MONSEI-
GNEVR, MON-
SEIGNEVR LE
PRINCE DE
CONTY.

MONSEIGNEVR.

Omme les peines &
les trauaux sont doux
à ceux qui constituent
le temps de leur vie, & les heures
de leur repos à vn honeste trauail : aussi n'estimeray iamais
homme plus heureux, content &
mieux satisfaict que celuy, dont

ã ij

les veilles, estudes & recherches
seruent au contentemēt de ceux,
desquels elles sont fauorablemēt
receuës.   Ceste   consideration
(MONSEIGNEVR)
ayant faict du commancement
voller mon cœur sur le plus hault
degré de l'ambition que i'auois
de pouuoir seruir au vostre, me
fit, puis-apres penser à ma condition indigne d'vne telle recom-
pense de labeur, me deffiant de
mes forces & du peu de merite
des choses recherchées, qui vous
sont plus notoires & infiniement
plus manifestes qu'à moy. Mais
toutesfois comme le grand Ar-
taxerce print en fort bonne part
la pure affection d'Ocanes Per-
san, qui ne luy presenta que de

seau, parmy un si grand nombre
de Seigneurs qui l'honoroient de
dons inestimables. Aussi, apres
si grand nombre de tãt de beaux
esprits qui vous dedient leurs ou-
urages, ie vous presente ce que
i'ay peu auoir en main : sçauoir
est, un petit Traicté de la loy des
François appellee Salique, par
laquelle la Couronne de ceste
Monarchie, est legitimement es-
cheuë a nostre Roy tres-Chrestiẽ
LOYS XIII. non comme
chose que i'aye euë promptement
en main, ains comme preparee
& voüee à vostre grandeur, auparauant ces nouueaux bruits
de la guerre. Le present n'est pas
grand ny digne de vos merites:
toutesfois i'espere qu'il vous sera

ã iij

agreable à cause du ſujeɛt qu'il
traiɛte, qui eſt de la loy fondamentale du Royaume. & par
meſme moyen de l'origine des
François, anciennes armes, &
blaſons d'iceux, que l'ay deduit
& recherché és hiſtoires anciennes, d'autre façon qu'aucun autre de tous ceux que l'ay leuz, &
le plus à la verité qu'il m'a eſté
poſsible. Ce ſont les effeɛts de
mon affeɛtion que ie vous of-
fre, & que vous receurez, s'il
vous plaiſt, auec ceux de mon
ignorance, qui ne ſe peut ca-
cher, où mon labeur ſe monſtre. Ie vous preſente quant &
quant l'humilité de mes vœux,
le reſpeɛt de mon deuoir, la fi-
delité de mon cœur, les affe-

ctions de mon seruice, & finallement le desir d'estre eternelle-
ment nommé,

MONSEIGNEVR,

Vostre tres-humble, tres-
obeïssant, & tres-fidelle
seruiteur,

C. MALINGRE.

AVX FRANCOIS
sur la loy Salique.

QVATRAIN.

PVis que, François, la Roya-
le Salique
Conuient aux loix de la diui-
nité,
Laisser il faut son nom d'antiquité,
Et la nommer loy saincte &
angelique.

TRAICTÉ DE LA LOY SALIQVE.

De l'Origine du nom François.

CHAP. I.

L n'y a rien de plus asseuré entre nos Historiens, que les François sont issus des Sycambriens, Cauchiens, Antuariens, Canisates

A

& autres peuples nommez anciennement Gaulois, bien que nez & descendus des Allemaignes. Mais de sçauoir pourquoy, & en quel temps ils se sont appellez Francs ou François, la difficulté y est bien plus grande, parce que ce nom ne se trouue point és histoires anciennes auparauant l'Empire de Galien, combien qu'il paroisse assez que de ce temps, ils furent en grand renom & reputation, veu que Galien voulât faire croire qu'il auoit vaincu plusieurs redoutables nations, representa, entre les captifs d'vn triomphe qu'il fit, des hommes habillez à la Françoise, leur reputation faisant aussi

qu'Aurelian se glorifioit beaucoup, d'auoir deffaict vne troupe de mille François, lors qu'il
n'estoit encore que Tribun ou
Colonel de la susdicte legion
Gallicane.

Entre ceux qui nous en ont
donc par cy-deuant escrit, ont
voulu les aucuns faire naistre
ce nom François du temps de
l'Empereur Valentinian, & ce
pour la franchise en laquelle
les François se maintindrent a-
pres les dix ans d'exemption
qu'il leur auoit donnez, pour a-
uoir assujetty à son Empire les
Allains rebelles à la seigneurie
Romaine. Car apres les dix ans
passez & escoulez, comme
l'Empereur enuoya sommer

Iehan Guyart en son liure de la loy Salique, chap. 4.

les François de luy payer tribut
comme deuant , eux luy des-
nierĕt , difans qu'ils en deuoiĕt
eftre quittes pour iamais , &
qu'ils auoient achepté cefte e-
xemption à la peine & trauail
de leur corps , & par le prix de
leur fang , & pour cefte caufe
plus n'eftoient refolus de rien
payer à l'aduenir, & n'eftre d'a-
uantage fujects à iceluy Empereur ny à ceux qui viendroiĕt
apres luy. Valentinian oyans la
refponce des Gaulois fe refolut
de leur faire guerre , & pource
fit affembler grande quantité
de gens qu'il leur enuoya. Mais
les Gaulois, qui n'eftoient enuiron que vingt-quatre mille
hommes, recognoiffans n'eftre

aſſez puiſſans pour reſiſter à v-
ne ſi grande armee telle qu'e-
ſtoit celle de l'Empereur, ay-
merent trop mieux abandóner
leurs biens, villes, & citez que
d'eſtre tributaires aux Romains, & s'en allerent habiter
les coſtes & riuages de la riuiere du Rhin : parquoy, diſent
quelques-vns, dés-lors fut pu-
bliee & exaltee par toutes les
nations, la magnanimité, nobleſſe & franchiſe du courage
des Gaulois, & de là appelle z
Francs ou François.

D'autres ont dit que veri-
tablement ces peuples ſe nommerent François à cauſe de leur
liberté & frächiſe, mais a meil-
leure & plus vray-ſemblable

cauſe & raiſon.

Les Romains (diſent-ils)
auoient deſ-ja ſubjugué les
peuples d'Aſie, d'Afrique, &
du reſte de l'Europe, premier
que d'attaquer à bon eſcient
les Gaulois & Allemans, de
ce temps la appellés Germains;
& bien que, tellement quelle-
ment ils euſſent aſſeruy les
Gaulois, ſi ne ſçeurent-ils du
tout dompter les Germains,
quelques efforts qu'ils y fiſſent,
& lors qu'ils penſoient en eſtre
venus à bout, c'eſtoit à recom-
mancer, tous les Empereurs y
eſtans aſſez empeſchez les vns
apres les autres, & ne peurent
ſi bien faire que de temps à autre ils ne paſſaſſent en Italie &

Guyart au lieu que deſ-ſus.

en la Gaule pour les fourrager
& courir, la deffaicte des vns
faisant perdre le courage aux
autres. Celuy de tous les Empereurs Romains qui se trouue
& semble auoir entré le plus a-
uant en la Germanie, & defaict
plus de peuples d'icelle, c'est
Fuluius Maximus qui fut Empereur Romain l'an de Christ,
236. lequel mena incontinent
son armee en la Germanie, où
il deffit les Germains, & en eut
vne merueilleuse & grande victoire, au moyen dequoy il entra si auant en pays, qu'il en
gasta, destruisit, & brusla
plus de trois ou quatre cens
mille d'estenduë, & eust
passé bien plus outre si les fo-

A iiij

rests & profondeur des marests
ne l'eussent empesché, comme
luy-mesme escriuit au Senat,
ce qu'estant aduenu en la haute
Germanie, la basse fut preser-
uée par la profondeur & estenduë de ses marests: les peuples
d'icelle & ceux qui resterent
de la haute, ayans esté tellemét
estonnez qu'ils demeurerent
long-temps paisibles sans oser
bouger. En fin voyant l'Empereur & son armee retirez de
leur pais, ils aduiserent à leur
conseruation, & se ralians ensemble, les peuples de la basse
Germanie qui auoient esté cõ-
seruez de la fureur de Maxime,
se nommerent à cause de leur
liberté, François, & les autres

sauuez de cet orage s'appellerent Allemans, pour estre iceux
vne ligue, bande, & peuple ra-
massé de plusieurs nations, *Al*,
signifiant tout, & *Man*, homme, comme l'auoit monstré A-
sinius Quadratus, qui à (comme dit Agathias) diligemment
recherché l'origine des Allemans. Voila ce que les autres
disent de l'origine du nom Fráçois. Mais pource que tous les
autheurs qui ont escrit iusques
au téps de Maxime, & mesme
Herodian qui viuoit de ce téps
là, ne fait aucune mention des
François & Allemans, cela mo
faict croire que le nom François ne print alors son commancement, ains long témps

auparauant, ſçauoir eſt apres le
ſac & deſtruction de Troye la
grande, comme il ſera dit &
monſtré cy-apres.

Sommaire de l'origine des Tro-
yens, fondation & deſtru-
ction de leur Cité, & des
Princes & autres Nobles qui
ſe ſauuerent, deſquels fina-
lement ſont deſcendus les
François.

CHAP. II.

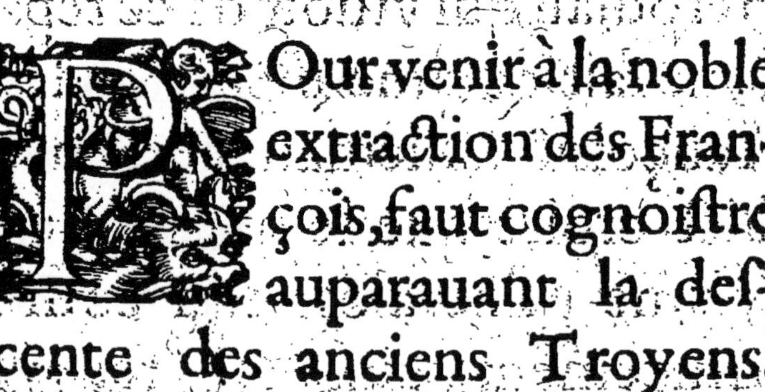

Our venir à la noble
extraction des Fran-
çois, faut cognoiſtre
auparauant la deſ-
cente des anciens Troyens.

Pour doncque venir à propos,
& prendre fondement en ceste matiere.

Les anciennes fables nous ap-
prénent que Iupiter ancié chef
de Noblesse, entre les autres
eut deux fils principaux, l'vn
nómé Danus, & l'autre Dardanus : de Danus sont descendus
les Grecs dont la race quant à
la Noblesse est faillie. Et de
Dardanus, qui fut Roy du païs
de Frigie sont venus les Troyens, desquels depend la source & l'origine des Fráçois, Romains, Venitiés, Anglois, Normans, Turcs, & ceux d'Austriche, dont la Noble race dure
encore. Iceluy Dardanus eut
vn fils nómé Hircanus, lequel

La gráde Chroni-que, ch. 1.

engendra Tros, qui premier
fonda la Cité de Troye la grande au pays d'Asie, & la nomma
ainsi de son nom, & fut tant aymé de son peuple, & d'eux receut tãt d'obeissance, que pour
l'amour de luy ils se nómerent
Troyens, ce qui aduint l'an mil
cinq cens apres le deluge : &
dura ladite Cité auant qu'elle
fut destruicte selon le dire de
quelques historiens, enuiron
neuf cens septante & deux ans;
& selon les autres, deux cens
quarante deux ans, ainsi mesme qu'asseure Vincét de Beau-
uais, liure second de son mi-
roüer historial, chap. 16. ce qui
est plus probable, car elle ne dura que depuis le temps de Tros

Vincent de Beau-uais liure 2. de son mirouer historial, chap. 16.

qui premier la fonda, iusques à Priam, au temps duquel arriua la derniere destruction, entre lesquels il y eut deux Roys seulement, c'est asçauoir Ilus, qui fonda & ferma de murailles Ilion la belle forteresse : lequel Ilus engendra Laomedon qui fut Pere du noble Roy Priam.

Au temps de ce Laomedon Roy de Troye, Iason & Hercules, Ducs de Grece, se mirent sur mer auec vn bon nombre de nefs & de gens, pour tirer en l'Isle de Colchos d'où estoit le Roy Otto Pere de Medée, & ce en intention d'aller conquester la toison d'or qui estoit dedans. Cóme ils estoient au milieu de leur voyage, voulurent se rafreschir prendre terre & s'auitailler au pays d'Asie en vn port, qui est pres ladite Cité de Troye: ce qui leur fut refusé par le Roy Laomedon, s'asseurant en sa force & puissance & les combatit de telle sorte, qu'ils eurent besoing de se retirer en la plus grande haste qui leut fut possible, dequoy ils eurent grand despit, & songerent à en prendre reuanche au retour de leur voyage: Ce qu'ils firent: Car apres la conqueste faicte de la susdicte toison de Colchos, par l'entremise de Medee qui trahit son pere pour l'amour grand qu'elle portoit à Iason:ainsi comme ledict Iason s'en retournoit auec Hercules

ils defcendirent auec leurs gés
au pais d'Afie en la terre de Laomedon, affiegerent Troye, la
prindrent, la bruflerent, & pil-
lerent entierement, tuerent &
occirent le Roy Laomedon
auec tous les fiens. Et entre les
autres proyes ils prindrent &
emmenerent auec eux prifon-
niere en Grece vne fienne fille
nómee Exionne, doüee d'vne
rare & finguliere beauté : De
laquelle Thelamon, Roy de
Grece, deuint amoureux & la
retint chez luy longuement, la
gouuernant à fon plaifir, fans
loy de mariage.

Durant le temps de cefte
deftruction le noble Priam fils
de Laomedõ faifoit guerre ail-

leurs pour vanger vne certaine querelle que son Pere auoit, lequel à son retour fut bien estôné de voir la ville pillee, saccagee, & bruslee, son Pere, ses parens & tous les habitans morts, & sa sœur Exionne emmenée, dont il fut extremément desplaisant, proposant de s'en venger si tost qu'il auroit puissance & faculté de ce faire. Il s'en saisina du Royaume de son Pere, & en peu de temps fit reédifier & rebastir ladite Cité de Troye, auec le chasteau d'Ilion bien plus superbement, & auec beaucoup plus d'artifice & de fortifications qu'il n'auoit oncques esté : & regnoit en l'an de la creation du monde 3980. Il

print

print pour femme vne tres-bel-
le & noble Dame appellee Hecuba, de laquelle il engendra
plusieurs enfans, & entr'autres
cinq masles, qui tous furent
fort beaux, nobles, preux, sages & vaillans Cheualiers, dont
l'aisné eut nom Hector, qui est
mis le premier au nombre des
neuf preux. Paris fut le second,
Deiphobe le tiers, Helenus le
quart, & Troilus le cinquiesme. Puis trois filles, dont la
premiere s'appella Creusa femme du magnanime Enée, la seconde Cassandre la belle, & la
troisiesme Polixene aux yeux
pairs. De ses concubines il eut
trente fils bastards, qui tous furent Cheualiers preux & vail-

lans hommes. Quand le Roy
Priam se vit ainsi fort esleué,
enlignagé, sa Cité de Troye re-
édifiée, & son Royaume remis
sus & en nature, il pensa à tirer
vengeance de la honte & du
dommage qui luy auoient e-
sté faicts par les Grecs , & enuoya pour se sujet sommer les
Grecs , mesmement le Roy
Thelamon pour luy rendre sa
sœur Exionne qu'il tenoit côme concubine , & outre ce luy
donner reuanche & raison de
la mort de son Pere & de ses
parens , & de plusieurs autres
dommages qu'ils auoient faict
en sa terre, dont il fut refusans ;
& pour le faire venir au point
enuoya Paris son second fils a-

uec vne grande armée naualle,
en Grece, pour leur faire guerre. Or arriua Paris auec ſes gens
en l'Iſle de Thenedõ d'où eſtoit
Roy Menelaus frere du Roy
Thelamon, auquel lieu ils trou-
uèrent Helene femme de Menelaus qui là eſtoit venuë pour
ſolenniſer la feſte de la Deeſſe
Venus, laquelle n'euſt ſi-toſt e-
ſté veuë par Paris, qu'il en deuint extrémément amoureux.
Et ſoubs ombre de dire qu'il la
prenoit priſonniere iuſques à
tant qu'on luy eut rendu ſa tan-
te Exionne, la print & l'emme-
na à Troye, & la tenoit comme
ſa femme, dont Menelaus fut
fort courroucé, & pour la r'a-
uoir & ſoy venger de l'iniure,

B ij

demãda ayde & secours à tous les Roys, Ducs & Princes de Grece ses alliez & amis: de sorte qu'ils s'assemblerent pour aller à Troye 48. grands Princes, tant Roys que Ducs, amenans auec eux douze cens nauires & grand nombre de soldats & gensd'armes, qui tous passerent la mer d'Asie, & mirent le siege deuant la Cité. Et à l'ayde & deffence du Roy Priam vindrent 33. grands Princes tant Roys que Ducs auec Pantasilee Royne des Amazones qui suruint durant le siege, laquelle fit maint beaux exploicts d'armes, & estoit femme de grand & magnanime courage. Le siege dura dix ans, huict mois

douze iours, pédant lequel téps
il y eut onze trefues: Mais final-
lemét fuſt le Noble Roy Priam
fauſſement trahy par Anchi-
ſes, Anthenor, Enée & Poly-
damas, & la cité de Troye par
eux baillée & liurée entre les
mains des Grecs, qui toute la
deſtruiſerent, bruſlerent & deſ-
molirent. Durant le ſiege fu-
rént occis du party des Grecs
huict cens quatre-vingts mille
hommes, & du coſté des Troyens tous les enfans maſles lé-
gitimes de Priam (excepté Hé-
lenus) & tous ſes baſtards. Et
iuſques au iour dé la tradition
d'icelle, cinq cens ſoixante &
ſix milles hommes. Et apres
la trahiſon iouée furent tuez le

Roy Priam auec Hecuba sa femme, Cassandre sa fille, apres auoir esté violee au Temple de Pallas par Aiax Oilée, & deux cens soixante & seize milles hommes, ainsi que rapporte Dares Phrygius grand Hystoriographe qui estoit lors en la Cité de Troye, & lequel a escrit la verité de l'Histoire. Et comme dit aussi Vincent de Beauuais au troisiesme liure de son miroir Hystorial chap. 75. Et apres la subuersion & destruction de Troye, les Grecs, pour augmenter leur (gloire commenceret à compter leurs annees, *à captiuitate Troyæ*, ce qui dura iusques à l'Olympia de

Dares Phry-gius au liure de la guerre de Troye. Vincent de Beau-uais lib.3. de son miroir, chap. 73.

De la Naiſſance des François.

CHAP. III.

Vgue de S. Victor en ſa chronique, conformement aux anciennes annalles de France, comme auſſi celuy qui a fait la diuiſion du monde, au liure qui ſe commance ainſi, *In exordijs*, parlans de la naiſſance des François, diſent qu'apres la totalle ſubuerſion de la tref-noble Cité de Troye, qui fut enuiron 3977. ou 80. ans, apres la creation du monde, & 1190. ans, auant l'Incarnation

Hugue de S. Victor en ſa Chronique.

de Iesus-Christ, enuiron deux
ans auant le trespas de Sanson,
Iuge d'Israël, vn nomméFran-
cion, & ses freres enfans d'Hector aisné fils du Roy Priam, a-
uec Turcus fils de Troilus, & en
leur côpagnie Helenus leur oncle, grand deuineur & Astro-
logien, s'enfuirent & eschap-
perent subtilement le danger
des flammes, & le glaiue des
Grecs, auec grande multitude
de Troyens, comme aussi firent
semblablement Enee fils d'An-
chises, Anthenor le ieune,
Priam nefueu d'Enee, & plusieurs autres qui peurent, s'en
uaderent & se sauuerent. Helenus s'en alla auec mille &

deux cens hommes au pays de Caonie, y fit edifier plusieurs villes, citez & chasteaux, & y demeura luy & sa posterité. Enee auec son fils Ascanius, Anthenor & le ieune Priam, s'en vindrent en Italie: où estans, Enee espousa la fille du Roy Latin, qui tenoit & possedoit tout le pays, où de present est la Cité de Rome: puis apres ledit Roy Latin venant à mourir se fit Roy de la Prouince, & chassa d'aupres de luy, Brutus, Roy des Rhutiliens, & s'empara de sa terre. Lequel Brutus se voyant chassé de son pays, monta sur mer, ayant en sa compagnie Turnus son nepueu, & vindrent amener leurs gens à Nan-

tes en Bretaigne, entra en la
terre de Poictou ou il defcon-
fit Galfanum qui en eftoit
Roy. Puis monta ledit Brutus contremont fur la riuiere
de Loire iufques à la Cité de
Tours, qui n'eftoit alors qu'v-
ne petite bourgade, ou il eut
bataille contre les Pairs qui
gouuernoient la France def-
quels il eut victoire: finallemēt
apres grande quantité de fes
gens occis, & mefme ledict
Turnus fon nepueu qui y laif-
fa la vie, en memoire de luy
& pour l'amitié qu'il luy portoit, fift amplifier la fufdicte
ville de Tours, la fift clorrē de
murailles, fit edifier le Chaftel,
& voulut que la Cité fut ap-

pellee Tours pour l'amour d'i-
celuy Turnus qu'il y fit ense-
pulturer. Apres cela ledit Brutus passa la mer Oceane & arriua en l'isle pour lors appellee
Albion, laquelle il conquit, &
de son nom l'appella Bretaigne
qui est de present l'Angleterre,
où il fonda la Cité de Londres
qu'il nomma pour lors Troye
la neufue. Semblablement en
Italie descendirent dudit Enee
par diuerses generations, Re-
mus & Romulus qui fonde-
rent la Cité de Rome, & ce
430. ans apres la destruction de
Troye. Par apres Anthenor &
Priam le ieune allerent auec
deux mille cinq cens hommes
en la marche de Venise, & la

La grãde Chroni-que, ch. 3.

Des Gal-lieres au liur. de sa Francia-de.

fonderent icelle Cité de Veni-se au milieu de la mer Adriati-que.

Et quant à Francion & Turcus, ils diuiserent leurs gens en deux parties, dont l'vne sui-uit Francion, & l'autre Turcus, lequel s'en alla habiter le pays de Scythie, d'où sont descen-dus les Ottomans, qui à cause dudit Turcus s'appellét à pre-sent Turcs , & disent pour ce suiect que nul homme ne doit estre dit Cheualier s'il n'est Turc ou François pour la ge-nerosité de courage d'Hector & de Troilus, dont leurs Ducs premiers sont yssus. Francion & ses gens s'en allerent en Pan-nonie , auiourd'huy appellee

Hongrie où ils edifierent vne
Cité qu'ils nommerent Sicam-
bre, laquelle long-temps apres
fut destruicte, & aupres du lieu
où elle estoit, fust rebastie vne
autre belle Cité qui de present
est appellee Bude: & commen-
cerent alors les Sicambres habitans de ladite ville de Sicam-
bre à s'appeller François à cause dudict Francion, fondateur
de leur Cité, & qui premier les
auoit là menez, ce qui arriua enuiró le téps que Dauid regnoit
en Iudee. Quád ils eurent là demeuré enuiró 230. ans, leur peuple creut & multiplia de telle
forte, qu'il ny auoit pas assez de
pays n'y de terre pour les nourrir & tenir. Et pource se deban-

derent d'eux bien 22. mille
hommes ſoubz la conduicte
d'vn Duc nommé Ybros, pour
aller ailleurs chercher lieu à
eux conuenable pour habiter,
ils paſſerét à ceſte fin le païs de
Germanie, trauerſerét les fleu-
ues du Rhin & de Marne, &
vindrent iuſques en Gaule ez
païs de la riuiere de Seine, où
demeurerent ainſi les premieres nations de Gaule appellees
François, de Francion, ce fut là
la naiſſance du nom François.

Fondation de la ville & Cité de Paris, Capitale du Royaume de France, des armes & blasons anciens d'icelle, & de la terre appellée Parisis.

CHAP. IIII.

APres ques les Sicam-briens François se virent auacez en Gaule, sur les terres & pays de la riuiere de Seine leur semblant le pays beau, (ou de present est Paris, qui en ce temps n'estoit qu'vne Isle deserte & inhabitee au milieu de la Seine) & auec ce fort fertille plantureux & abondant en biens & commo-

ditez plus que nul autre qu'ils
euſſent veu, entrerét en l'Iſle, &
reſolurent d'y fonder vne Cité,
laquelle eſtant baſtie, il appellerent Luteſſe *à Luto*, ceſt à dire, boüeuſe, graſſe, pour la greſ-
ſe & fertilité de la terre. Et fut
ainſi edifiee ceſte Cité de Luteſſe au temps d'Amaſis Roy
de Iudee & de Hieroboan Roy
d'Iſraël, 830. ans auant l'incarnation de Ieſus-Chriſt. Et diſent aucuns, que dés-lors les habitans s'appellerent Pariſiens,
ou pour l'amour & memoire
de Paris, fils du noble Roy
Priam de Troye ou de Παρίσια
en Grec, qui vaut autant à dire
comme hardieſſe, ou *ferocité* en
latin. Et portoient en leurs

blaſons

blasons, armes, & enseignes
pour ce suiect, trois testes
de Lyon, auec vn escusson d'or
au milieu, qui auoit esté le blason des armes dudit Paris, fils
du Roy Priam.

Et à ceste opinion de l'appellation des Parisiens s'accorde Guillelmus Armoritanus en
sa chronique qu'il fit du Roy
Philippe le Hardy, autrement
dit Dieu donné ou le conque-
rant, ou il dit, *Et se dixerunt*

Guillel-
mus Ar-
morita-
nus en la
chroni-
que du
Roy Phi-
lippe le
Hardy.

C

Fondation de
Pariseos nomine Franci, quod
sonat audaces. Et par espace
de temps à l'enuiron de ladicte
ville de Paris edifierent iceux
noueaux François, plusieurs
autres petites villes pour habiter qu'ils appellerent de ce nom
Parisi, comme Rueil en *Parisi*
(qui dés-lors fut Chasteau Royal, & chef de Chastellenie)
Cormeilles, Louures, Gonnes-
se, Roissy en *Parisi,* & autres
qui toutes sont nommées en
Parisi, & en retiennent enco-
res à present le nom.

Des premiers Ducs qui ont regné sur les François.

CHAP. V.

E premier de tous ceux qui ont iadis conduit & gouverné la premiere Republique des François fut Francion, leur premier Chef, & le premier de leurs Roys: mais apres le trespas d'iceluy, ils ne voulurent plus auoir de Rois, ains seulement des Ducs qui furent sur-nommés Priams, pour l'amour du noble Roy Priam de Troye dont ils estoiér descendus, & ce ny plus ny

moins que les anciens Egyptiens appelloient leurs Rois
Pharaons, ceux des Israëlistes
ou Palestins, Abimelechez, &
les Empereurs Romains Cæ-
sars. Et par ainsi le premier
Duc qui regna sur eux apres la
mort de Francion, fut vn nommé Torchot surnómé Priam.
En ce temps les François se
multiplierent fort , & eurent
de grandes batailles tant sur les
Romains que autres peuples,
tellement que par leurs victoires & vaillances, ils s'espandi-
rent en diuerses contrees. Mais
cóme a esté dit cy-dessus voyás
les Fráçois qu'ils ne pouuoient
resister aux Romains, qu'ils les
vouloient rendre tributaires, ai-

roient mieux, en conseruans
leur liberté, leur abandonner,
biens, terres, villes & citez, &
s'en allerent demeurer le long
de la riuiere du Rin, ou ils furent bien enuiron 45. ans, pendant lequel temps ils eurent sur
eux trois Ducs pour les gou-
uerner, c'est assauoir Sonnes,
Genebuoir, & Quintin Hera-
clis, soubs le regne duquel, les
François en derniere bataille
deffirent si grande quantité de
Romains, que nul du depuis ne
s'osa entremettre de leur de-
mander tribut. Apres s'entre-
rentés pais de Gaule, se diuiserent ça & là, y trouuerent
forces gens qui mesmes e-
stoient descendus de leur ge-

neration, & amplifierent fort
la Cité de Lutesse, & incontinent apres la mort de Quentin Heraclin, eslirent sur eux
pour Duc, vn nommé Ybros,
qui commança à regner l'an de
grace 389. & gouuerna la seigneurie comme Duc dix ans.
Apres la mort duquel qui fut
en l'an 399. Marchomires qui
estoit venu en la lignee des
Troyens, qui estoit lors Duc
des Sicambres, entra en Gaule.
Et pour ce qu'il estoit recognu
vaillant & hardy cheualier fort
experimenté au fait de la guerre, & maniement des armes,
les François qui pour lors n'auoient point de Seigneur, le
retindrent pour leur Duc, &

gouuerna la Republique Françoise bien trente ans.

De la mutatiõ du nom de Gau-
le en France, & du nom de
Luteſſe en Paris, & du com-
mancement des Rois de Fran-
ce.

CHAP. VI.

MArchomire ſe voyant
eſſeu Duc & admini-
ſtrateur ſupreme de la
ſeigneurie de France gouuerna auec telle prudence les affaires de la Republique des François, qu'alors ſes ſuiets confeſ-
ſerent n'auoir oncques eu chef
ny conducteur plus ſage & va-

leurcux que luy, n'y plus digne
d'eſtre ſeruy, aymé & obey
que luy. Car outre les grands
biens qu'il leur fit & procura, il
fit clorre leur villes, citez & cha-
ſteaux de bonnes & fortes murailles, pour obuier aux diuers
aſſauts des larrons, & leur en-
ſeigna l'vſage des armes. Ce fut
luy qui premierement mua le
nom du Royaume de Gaule en
France pour l'amour de Francion dont il eſtoit deſcendu. &
celuy de Luteſſe en Paris en faueur & memoire du beau Paris, fils du Roy Priam de Troie.
Il y auoit deſia treize cens ans
& plus, que ladite Cité de Luteſſe eſtoit encommencee, & y
auoit eu pluſieurs Ducs qui a-

uoient gouuerné la seigneurie
de Gaule, mais à cause de ce
changemét des noms de Gaule & de Lutesse en France &
Paris, fait soubs le regne dudit
Marchomire, de là on dit com-
munemét qu'est venu le commancement desdits France &
Paris.

Vincent de Beauuais en son
miroer historial dit que Marchomire Ducdes François a-
uoit vn fils nommé Pharamód
qui fut vn vaillant homme fort
duict & experimenté aux armes. Alors les François (qui
encore habitoient és parties
d'Allemagne le long des riuages de la riuiere du Rhin, & encore ne s'estoient habituez és

Vincent de Beau-uais en son mi-roir.

païs de Gaule) voyás les autres nations estre gouuernees sous préeminence de dignité royalle, voulurent auoir vn Roy, & d'vn commun accord & consentement ésleurent Pharamond fils de Marchomire pour leur Roy, qui à esté tout le premier des Roys de France.

De l'ancienne Aristocratie des François.

CHAP. VII.

Endant que les François estoyent encore soubz la conduite des Ducs l'Estat de la France n'y plus n'y

moins qu'a present celuy de
Venise estoit conduit regi &
gouuerné par aucuns sages
Conseillers & Maistres. Car
mesmes deuant que le païs fut
iamais tributaire aux Romains,
on eslisoit en France par chacun an nouueaux gouuerneurs
& Conseillers, que l'on tiroit
& choisissoit entre les plus sages, pour mieux conduire &
regir les affaires de leur Republique, de maniere qu'en ce
temps, le Duc des Gaulois, ny
plus ny moins que celuy de
Venise, n'auoit par dessus vn
Conseiller de la Republique,
que l'obeissance du peuple, sa
premiere voix au Conseil, le
nom de Duc & non le pouuoir

de faire souuerainement, ny entreprendre chose quelconque d'authorité absolue, comme peuuent faire les Roys. Iceux Conseillers estoient au nombre de douze ordinairement, & pource qu'iceux estoient pareils & esgaulx en dignité & puissance, estoient appellez & nommez Pairs de France, ainsi qu'obserue fort bien Nommotensis. Ce furent eux contre lesquels Brutus eut bataillé aupres la Cité de Tours où apres plusieurs chefs, Capitaines, & soldats occis, il remporta sur eux vne belle & memorable victoire [illegible]

[...]dits Pairs & Conseillers estoient seulement ordonnez

pour les affaires les plus im-
portantes de l'Estat & de la
Republique, & eux assemblez
auec le Duc & autres Sei-
gneurs & sages du païs com-
posoient ce qu'à present on
pourroit appeller le Conseil d'e
stat, où tout l'honneur qu'il faisoient au Duc, estoit de le faire
opiner le premier, donner son
aduis auant tout autre, & pro-
noncer les arrests & conclusi-
ons du Conseil assemblé.

DE LA LOY SALIque première des François, & fondamentale du Royaume de France.

CHAP. VIII.

Our autant que plusieurs de ceux qui ont laissé quelque chose par escrit de la loy Salique premiere des François, & fondamentale du Royaume, ne peuuent rendre vne solide & asseuree raison touchant son establissemét & premiere institution, s'estans pres-

que tous par trop esloignez du
cours & de la cognoissance de
sa primeraine & essentielle
origine. I'ay voulu icy agreer
à quelques vns des pluscurieux
en rapportans les diuerses opi-
nions qui se sont sur ce sujet ré-
contrees, auparauant que de
parler à bon escient de ceste
saincte loy, en faisant puisapres
suiure celle qui doit estre plus
communement receuë entre
les plus iudicieuses personnes,
& qui semble de plus pres at-
teindre la verité de son appellation, source & naissance.

CHAP. IX.

*Guyart
en sa loy
Salique.
53.*

A premiere opinion touchant l'origine de ceste loy, dict cõformement à quelques hiſtoires anciennes, que les anciens Gaulois ſortis par pluſieurs & diuerſes fois de leur pays, ne ſe pleurent pas tant ez terres & prouinces par eux de nouueau conquiſes & habittees, qu'ils n'euſſent touſiours leur affection au pays de leur origine & naiſſance, en re-tenans les noms , & batiſſans nouuelles

nouuelles places au nom de
ceux qu'ils auoient construicts
és Gaules, au milieu de leurs
conquestes, affin de touschours
mieux en conseruer la memoire, tellement que ceux qui d'vn
peuple seul, estoient assez puissans, pour faire leurs conquestes, seuls retenoient leur nõ anciẽ, cõme fõt foy les Mãceaux,
Liguriens ou Ligoniens, Roiés
Senonois, les Chartrains & autres: en Allemagne, les Tecto-
sages & autres peuples qui ont
passé en Grece & Asie, ce que
les histoires rapportent aussi
des Celtes & Gaulois qui s'ha-
bituerent és Espagnes. Et ceux
qui faisoient vne armee de diuers peuples de plusieurs noms

D

s'en adaptoient quelqu'vn, cóme firent les diuers peuples qui allerent soubz Belonese Italie, se nommerent Insubriens du nom d'vn lieu ainsi appellé en la Gaule, & ceux qui ayant long temps couru & rauagé la Grece, se rassemblerent pour retourner en leur pays, estans arriuez és Panonies, s'habituerét sur le Danube, voulurent estre nómez Scordisques, cóme rapporte Iustin, & à quoy Appian semble s'accorder en son Illirique parlant des diuers remuëmens des Scordisques, & Anruates Celtes. Et est à presumer que ces noms generaux se prenoient de la nation qui auoit le plus d'authorité & puis-

*Iustin
Appiã en
la guerre
d'Illyrie.*

fance entre la multitude de ces
troupes & nations, comme on
a autrefois veu que les armées
qui ont de ce pays paſſé en Sy-
rie & Afrique, ont eſté nommées Françoiſes combien qu'-
outre les François, il y eut auſſi
des troupes d'Alemãs, Anglois
& Italiens, & à cauſe dequoy
encore au iourd'huy les Syriés,
Egyptiens, Ethiopiens, & A-
fricains, appellent tous ceux
de l'Europe, Francs ou François.   Ainſi ie mets en meſme
rang les Saliens qu'on dit eſtre
venus de Grece par mer pour
baſtir Marſeille, que i'eſtime a-
uoir eſté Gaulois retournans de
la Grece, & non les Phocenſes
comme les Romaïns nous veu-

lent faire croire, le nom mesme
en donnant tesmoignage, e-
stant ceste ville de Marseille
ainsi denómée à cause qu'elle
est scituee sur le bord delamer,
qui anciennement s'appelloit
Salique, des Saliens, ou pour
mieux dire Marseille est ainsi
appellée, comme qui diroit la
ville qui est sur la frontiere &
dernier limite des Saliens, lesquels apres qu'ils se furent habituez en icelle partye de Gaule commancerent à establir des
loix, & entr'autres celle que
l'on nomme vulgairement Salique.

Seconde Opinion.

CHAP. X.

VNe ancienne Croni-
que parlant de l'in-
ſtitution de la loy
Salique, dit qu'elle
commança ſoubz le regne du
premier Roy de France appellé Pharamond, c'eſt aſſauoir
en l'an de grace 419. lequel ne
voulant plus eſtre ſuiect à aucun Prince eſtranger ordonna
des loix à ſes ſubiects & les
gouuerna auec toute ſorte de
prudence, equité & iuſti-
ce. Et aucunes autres plus an-
ciénes Annalles diſent qu'alors

Les gran-
des croni-
ques chap
1. de Pha-
ramond.

les François habitoient le long
des riuages du Rhin en Allemagne, & qu'ils n'estoiér point
encore descendus au païs de
Gaule de present appellé France. Et ce est assez croyable, car
par vn ancien liure d'icelle loy
Salique il appert qu'elle fut faite & initiée en Allemagne, voicy les parolles y inserées, *Se-
cundum aliquos dicta est lex
salica à ciuitatè salicham quæ
est vltra Rhenum, eo quod in dicta ciuitate primi authores eam
initiauerunt,* c'est à dire, selon
aucuns la loy Salique est ainsi
appellée à raison de la Cité de
Salicham située au dela la riuiere du Rhin, pource qu'en ladicte Cité les premiers au-

theurs l'ont initiée, instituée &
establie.

Troisieme Opinion.

CHAP. XI.

SLeidan Allemand
en son histoire Fran-
çoise, dit que les
François sont des-
cendus de ceux de Franconie
appellez Franques ou Franco-
niés qui se renoiér pour la plus
part sur le fleuue Sal qui se des-
gorge dedans le Mein, autre
riuiere d'Allemagne, & de la
iceux Franques (appellez puis
aprés François) s'appellerent
Salies & leur ville principalle

D iiij

Selgestan, combien que Strabon liure 4. mette les Salits
entre les anciens Gaulois. Et
certes il ne se peut sçauoir, si
tous s'appelloient ainsi ou non:
mais quoy que s'en soit les loix
faictes par eux furent nom-
mees Saliques, desquelles est
faict mention en vne Glose du
Decret & au liure des Feudes.
Le Cardinal Cusan escrit les a-
uoir leuës & mesmement l'ar-
ticle que nous remonstrõs en France que les femmes ne peuuent
succeder a la couronne. Con-
rard Empereur, en ses tiltres se
nommoit salique, par ce qu'il
estoit descendu de l'ancienne
maison des Franques.

Strabon liure 4. de sa Geograph.

Cardinal Cusan en ses memoires.

Quatriesme Opinion.

A mesme Chronique cy deffus alleguée, dit que la loy Salique peut estre aussi appellée *Sale*, du sel, pour dire, que le meilleur assaisonnement pour conseruer vne Republique & vn Royaume est la loy, & principallement celle-cy appellee, pour ce suject Salique: voicy comme parle la susdite Chronique. *Tamen huius legis Salicæ interpretatio viget à Sale, quod interpretatur condimentum, vel licita dirimatur quasi*

De l'origine & vsance
licitũ condimẽtum, vel lex licitè,
condita. Toutefois l'interpretation d'icelle loy Salique, se
peut prendre du sel, qui est in-
terpreté assaisonnement ou
bien elle s'appelle loy Salique
qui vaut autant à dire que loy
licite, assaisonnement conuenable, ou loy licitement &
conuenablement faite, establie
& instituee.

Cinquiesme Opinion.

CHAP. XIII.

Ean Guyart, qui à fait vn traicté particulier de l'origine, verité & vsance de la loy Salique, addressé au feu Roy Henry le grand de tres-heureuse memoire sur le commancement de son regne & de son aduenement à la Couronne, dit au chapitre 5. de ce liure, que l'origine du nom Salien est bien plus douteuse & incertaine, aucuns, dit-il, la deriuans du fleuue Sal combien

Guiart chap. 5. de sa loy Salique.

qu'il ne se trouue point que
les François Saliens ayent eu
leur habitation sur ledit fleuue:
autres du Dieu Mars, appellé
Salien, parce que les François
estoient grands guerriers &
martiaux: autres parce que
ceux-là faisoient les failles hors
de leur pays, pour conquester
sur les Romains, ou bien mar-
chans au combat alloient sau-
telans. Ie laisse (dit Güiart)
toutes ces interpretations à
part comme friuoles & aisées
à refuter, pour dire qu'il me
semble que ces François se nö-
mèrent Saliens, pour estre de
ces anciens Saliens qui passerent en Italie, ou de quelque
autre bande desdits Saliens

Gaulois, lequel nom ils retindrent & firent publier lors
qu'ils vindrent en la Toxandrie
(à present appellée Holande)
plus hautement & commune-
ment qu'aucun autre, pour dóner à entendre aux Gaulois, qui
se transportoient hors de leur
pays, le soing de conseruer &
retenir la memoire de leurs
noms anciens pour marque de
leur origine. Et si on me vouloit dire qu'au denombrement
qui se trouue des peuples de la
Germanie, il n'est point fait
mention de ces, Saliens auparauant Marcelin. Ie confesse-
ray que le mot ne s'y trouue
pas proprement, mais bien celuy des Salusiens, ainsi pronon-

cé par les Latins, qui ont dif-
ficilement tourné les noms
propres de nos ayeulx Gaulois
en leur langue, & desquels ie
croy ces Saliens estre descédus
ou de quelque troupe de Saliens qui abandonnerent leur
pays lors que les Romains le
reduiserĉt en Prouince, pour ne
demeurer en leur suiection.
Non pas que ie vueille dire
qu'entre les François Saliensil
n'y eut qu'vne nation, ains
quand il y en auroit eu plusieurs, la Salique comme la
plus excellēte auroit eu cet hõ-
neur de dóner son nom à toute la bande & armee. Estant
donc l'origine de ces Saliens
telle, il est certain que leurs

premieres loix ont auſſi prins
leur origine & nom d'eux, &
non dudit fleuue Sal ou de Sa-
logaſt l'vn de leurs pretendus
Legiſlateurs du temps de Pharamond. De laquelle, dit-on,
les quatre premiers Auditeurs
furent Viſogaſt, Beſogaſt, Sa-
lagaſt, & Vvidagaſt. Mais ces
loix Saliennes ſemblent bien
plus anciennes, parce qu'il eſt
certain que leur Monarchie &
ſocieté n'euſt peu durer ſi lóg-
temps auparauant, comme elle a fait, ſans loix & police,
combien que ie ne voudrois
pas nier qu'elles n'ayent eſtè
eſcrites du temps de Pharamond renouuellées, ampli-
fiees & reformees par les Roys

*De l'origine & vsance
subsequens, & mesmes par Da-
gobert sur l'original de leur antiquité, & dont depuis quelque
temps nous en auons quelques
particularitez en diuers tiltrés
& liures, diuisez selon les nations Germaines qui estoient
lors plus en vogue & renom,
qui resentent son antiquité.*

*Sixiesme & plus veritable oppi-
nion sur l'appellation de
la loy Salique.*

CHAP. XIV.

D'Autant que toute
souueraine raison de
tout ce qu'ő doit trai-
cter doit proceder de la vraye
intelligence des termes & pa-
roles

roles dont l'on vse, & des choses qui sont par lesdites parolles signifiees, i'ay de puis assez
long-temps, que i'eus escrit le
traicté present, encore cherché
autant comme i'ay peu, ce que
ie pouuois trouuer pour dóner
vraye, & par consentemét publique, & approuuee intelligé-
ce tant par les Princes cóme par
les peuples que signifieroit le
mot Salique, duquel ie veux
traicter: & finalemét suis venu
en telle cognoissance, que l'on
n'en sçauroit auoir de meilleu-
re. Laissat donc à part les Saliés
peuples de France, dont Ammian Marcelin à faict mention
& qui oncques, cóme ie croy
ne furent qu'en la plume & ez

E

escripts dudit Ammian. I'ay recogneu, quant au sens du vocable & mot Salique, qu'en sa vraye signification il ne veut dire autre chose que *Auita*, *Antiqua*, choses des ayeulx & ancestres : De ce il y à deux raisons qui ne peuuent estre contredites. L'vne est que le Roy d'Austrasie & de Metz, Thierry, appellé pour lors Theodoric fils de Clouis, outre ses ordonnances, repetant de mot à mot ladite loy Salique, met au lieu du mot Salique ou *Salica*, le mot, *Auita*, ou *Antiqua*, & en ce est la sentence du Prince, qui ne peut, ny ne doit en cecy estre prinse pour opinion, mais pour veri-

Guillaume Postel en son liure de la loy Salique.

té. Car pour lors la langue, là
où, Salique veut dire antique,
& d'où elle estoit venuë, estoit
encore cogneuë. L'autre tesmoignage non moins fort est à
Angolesme (ainsi qu'vn mien
amy à asseuré l'auoit veu) en
vne des chartes tres-antiques
d'vne donation, le donateur v-
se de ces termes. I'ay donné
tant à tel lieu, de la terre Salique, c'est à dire de l'auite ou antique ou de l'anciē patrimoine.
Cecy se confirme encore en ce
que iusques en Gascogne & en
ses dernieres limites, les Peuples Galliques vserent iadis du
mot de Salique ou Gallique
(car ie persiste, & pretends que
iamais autrement que Gallique

& non Salique ne se nomma
ceste loy comme) par apres
monstreray) pour auite antique ou ancien, ainsi comme les
Princes l'exposoient par ordonnance : i'ay voulu mettre
cecy pour vne premiere consideration afin qu'vn chacun re-
cognoisse que le seul non Gaulois est luy seul l'auite & premier en tout le monde. Aussi la
loy dont le peuple de France la
le plus anciennement vsé &
soubs laquelle les Roys de Frãce donnent serment à Dieu, est
tellement auite, ahtique ou anciéne, que le mot de *Sallica* ou
de *Gallica*, ou Salique, ainsi
qu'on nóme ceste loy, ne veut
dire autre chose que la souue-

raine antiquité laquelle appartient aux Monarques François,
tãt par le nõ anciẽ de leur peuple, qu'a cauſe de ceſte premiere loy à eux cõferée: de maniere que le Gallique droit en toutes les ſortes qu'on le voudra
prendre eſt auite & le premier
du monde.

E iij

Que le mot Salique, dont on nomme la Loy Salique est venu en vsage, à cause des lettres Gottiques: et que dedans ladicte Loy qui se doit dire Gallique est gardé le premier droit temporel du monde.

CHAP. XV.

POur refuter la vanité de ceux qui voudroient par auenture soustenir le mot Salique pour nommer la loy Salique, ie ne veux autre argument qu'vn seul, prins du propre corps, & des propres pa-

rolles de ladicte loy, qui sont
inserées en vn ancien liure en-
tier qui se trouue encore en v-
ne Abbaye de ce Royaume, ne
se trouuant ailleurs pource que
la negligence des anciens, &
les guerres qui ont esté nous en
ont faict perdre plusieurs exé-
plaires : en vn certain chapitre
de ceste loy, il est donc dict ainsi. *De terra verò Saliqua in
mulierem nulla portio hæredita-
tis transit, sed hoc virilis sexus
acquirit : hoc est filii in ipsa hæ-
reditate succedunt.* C'est à dire
aucune portion d'heredité en
la terre Salique ne paruient
aux femmes ains appartient
tout aux masles, qui signifie,
que les fils succedent en icelle

E iiij

Liure des
loix des
premiers
François
manuf-
cript trou
ué en la
Biblioté-
que de
l'Abaye
de Saint
Vincent
en l'Isle
pais de
Guyenne.

heredité. Ie dis donc qu'il faut ou que par hystoires, ou par coustumes, ou par Panchartes, ou par quelque sorte de memoire que ce soit, on trouue vne prouince, laquelle fut nómée auparauant la loy, *Terra Salica*, tellement que ce mot, terre Salique y fut vsité. Mais comme ainsi soit qu'en aucunes hystoires du monde, il ne soit faict memoire de terre ou de prouince appellee Salique, sauf que dedãs ladite loy mesme, il faut necessairement que ce aye esté vne pure ignorance de discerner vne lettre, S. pour vne autre, G. qui aye fait cet erreur, lisant Salique pour Gallique. Et ce qui confirme

cecy, c'est que tels baptiseurs
de la loy Salique, en voulans
deffendre telle opinió, ne s'ad-
uisent point qu'incontinent
d'vn Salagast, Chancelier ils
font vn Roy, vn Empereur,
ou vn Monarque, qui non seulement nomme les loix de son
nom, mais d'auantage baille le
nom au pays, pour lequel est
faicte la loy, chose la plus lour-
de, & la plus sotte, voire entre
les fols, idiots & petits enfans
à dire & à penser, qu'il est possible d'auoir iamais imaginé.
Car à la raison de ceux qui sou-
stiennent telles choses, il s'en-
suiuroit que tout le pais luy
eut esté ou assubietty ou donné, tant & si longuement, qu'il

y euſt mis ſon nom de telle ſor-
té, que tous les autres noms
precedens du Royaume & des
loix, euſſent eſté abolis, & par
ainſi vne telle impoſition de
nom ſe fut bornee & limitee
par elle meſme, ce qui eſt & inu-
ſité & impoſſible. Il faut donc
aduoüer ceſte treſcertaine verité que comme il ny euſt
donc aucune terre ſembla-
ble à celle-cy, là où les femmes
ne ſuccedaſſent point à la couronne, qui euſt nom Salique,
mais Gallique ſeulement, auſſi
n'y euſt il oncques loy qui s'ap-
pellaſt Salique, mais Gallique,
laquelle depuis le commancement du monde a touſiours e-
ſté d'obſeruation couſtumiere

& expresse.   Coustumiere, en
ce qu'elle entend, *tacito pacto*,
que selon le droict d'aisnesse la
couronne soit donnee.   Et expresse en ce qu'elle ne veut &
defend que la terre Gallique iamais ne vienne en quenoüille.
Selon le droit d'aisnesse, & non
autrement la couronne de Frãce a esté donnée & ainsi assi-
gnée à l'aisné du Royaume, en
la Gallique terre , cela est si
vray qu'il ny a que contredire,
que telle primogeniture segar-
de en toute la race du premier
tronc, iusques à temps & personnes infinies, combien que
la seconde race y desire parue-
nir.

CHAP. XVI.

A loy Salique, qui fut la premiere establie & receuë entre les François, est cóforme à vne autre loy qui s'appelle Vaconia à raison de Vaconius qui la fit & establit. Par laquelle loy Salique, entre plusieurs autres constitutions est expressement porté que nulle fille ne viẽdra à successió de Pere & de mere pour ce qui depéd du droit de succeder, supposé encore qu'il n'y eust autres enfans que des filles. Et en ensuy

uant laquelle preſcription, or-
donnerent pour ce ſuiect des-
lors leſdicts François, que iamais femme ne ſuccederoit au
Royaume n'y à la couronne de
France.

Maiſtre Raoul de Pitelles qui
tranſlata de latin en François
les liures de Saint Auguſtin de
la Cité de Dieu ſur l'expoſition
du xxi. chapitre du 3. liure &
ſur le 25. chapitre du cinquieſ-
me liure parlant de ceſte matiere, rapporte Saint Auguſtin,
auoir dit qu'il n'eſtoit loy plus
inique, que celle qui priuoit
les filles de la ſucceſſió de leurs
peres & meres. Mais il dit que
depuis Saint Auguſtin s'excuſa
diſant, que quand il diſoit cela

Raoul de Pitelles en l'expoſition du 21. chap. du 3. liure de la Cité de Dieu, de S. Auguſtin & ſur le 25. chap. du 5. liure.

il entendoit proprement parler
des successeurs des menuës &
priuées personnes plebeïques,
& non pas des successeurs des
Royaumes, principautez, &
grands Seigneurs qui ont le regard, gouuernement & administration de la chose publique,
comme dit encore fort bien
Thomas Valensis, & à quoy
aussi s'accorde Franciscus de
Maronis.

De la verite & vsance de la Loy Salique.

CHAP. XVII.

Tous ceux qui ont escrit de ce droit & succession, ont dit que la Monarchie de France à tousiours, & de tout temps esté deferée du Pere au fils, & en defaut d'iceux au plus prochain masle du sang Royal en ligne masculine, les filles & leurs descendans en estans perpetuellement excluz par la loy du pays, lors que les Romains le reduirent en forme de Prouince pour ne demeurer en leur suiection, laquelle loy à esté perpetuellement obseruée iusques à present tant soubs la race des Merouingiens, Charliens, que Capeuigiens. Toutefois aucuns esprits turbulens de nostre temps ont voulu reuoquer en doute ceste loy Salique, & disent que ce fut vne inuention de Philippe de Valois, contre Edouard Roy d'Angleterre. Mais la verité se monstre toute euidente par les tesmoignages des anciens qui nous produisent plusieurs escrits & chapitres de ceste loy Salique. Aussi Charlemagne ayant conquesté la Lombardie donna liberté aux Lombards de viure sous laquelle des

quelle des trois loix il voudroient, la Salique, Romaine
ou Lombarde, qui nous rend
tefmoignage que dés auparauant la loy Salique eftoit receuë & approuuee des François, & a caufe dequoy la Có-
teffe Maltilde difoit quelle viuoit & fe gouuernoit felon la
loy Salique. De dire que les
chapitres que nous auons de
cefte loy, ne parlent point de la
Monarchie & Couronne. Ie
le confefferay, parce qu'alors
qu'elle fut initiee & inftituee,
il n'eftoit befoing de publier v-
ne telle loy entre les fuiets, ains
feulement celles qui les peuuent lier, & conferuer entr'eux
la focieté & police.

F

Les anciennes loix des Ripuarres , Saxons & Thuringiens estoient pareilles à celle-cy, & de mesme substance, deferans toute l'heredité aux masles, laissans seulement aux filles les meubles. Et ne doute point que toute assemblee de François & Allemans n'ait receu ceste loy vnanimement, tant en la succession de la Couronne, que des particuliers, tant ils auoient de crainte de tomber en main estrangere. Or par ceste terre Salique, les fiefs sont & ont esté de tout temps entendus, ce que par le mot d'Alode ou Alodiaux, est apres assez confirmé, par lequel sont entenduës les cho-

ses que nous appelons censiues
& roturieres. Aussi il se trouue
plusieurs tiltres parlans des fiefs soubs ce nom de la terre Salique. Et de fait il à esté de
long temps obserué en France,
que les filles ne succedoient
point és fiefs, y ayans depuis e-
sté receuës : plusieurs prouinces de France obseruent encore
qu'elles ny succedent point
tant qu'il y à masles de la ligne.
En Bretaigne l'aisné prend tout.
En Vermandois les puisnais
tous ensembles ne prennent
que le tiers : conforme tout cecy au droit escrit qui dit que
nulle femme ne succede en
chose feodale comme il se voit
en la 10. collation au commen-

*Coustu-
mier de
France.*

*Voy les
coutumes
de Bretai-
gne.*

*Lib. de
Feudis*

F ij

cement & au tiltre *de feudo fœ-
mineo*, & ailleurs en plusieurs
lieux. Cela se confirme encore
& se preuue par ce que le iuris-
consulte Baldus de Perusio escrit, en termes expres. *Liure* i.
ff. de senatoribus.

Ladicte loy Salique à depuis
esté tenuë & confirmée par le
grand Roy Clouis premier Roy
Chrestien, par Charlemagne,
& plusieurs autres Roys, ainsi
qu'il est contenu es anciens liures qui sont en l'Abbaye de
Saint Denys en France & ailleurs.

Pareillement ceste loy auoit
esté tousiours gardée en Allemagne, iusques à ce que l'Empereur Frederic deuxiesme

collat. 10.
tit. de
fœudo
fœm.

Baldus de
Perusio
l. 1. ff. de
senatori-
bus.

Liure an-
cien de la
loy Sali-
que en
l'abbaye
de saint
Denis.

donna specialement ce priui-
lege à la maison d'Austriche
qui a esté aussi obtenu par ceux
de Bauiere & autres, & sur laquelle loy, Héry de Vaudemõt
fondoit la querelle qu'il auoit
contre René d'Anjou, pour la
Duché de Lorraine, disant
quelle estoit de la terre Salique, & partant les filles n'y
pouuoient succeder, & suyuant lequel droit le Duc de Lorraine en ioüit auiourd'huy.

E iiij

Comme Iadis aux premiers nais
appartenoit l'auctorité Sacrée,
& aux seconds la Temporelle,
& que la primogeniture est vn
droit de tout temps obserué.

CHAP. XVIII.

Ombien que la diui-
ne prouidence (à
cause qu'elle fait en
ce bas monde, estre
premierement la matiere que
la forme, la priuation que l'ha-
bitude ou l'estre, le trauail que
le repos, la vertu que le loyer,
les choses animales premier
que les spirituelles, & en somme premierement les choses

imparfaictes que les parfaictes,
aye quelque fois mué l'ordre
de la nature, ainsi pour mõstrer
sa souueraine authorité dãs les
sainctes histoires, tellement
que le Pontificat ou droit fou-
uerain n'y est pas tousiours bail-
lé a l'aisné, neãtmoins si est-ce
qu'il est resolu tant par le droit
diuin que par le droit escrit,
qu'a l'aisné est deu le Papat, &
au second l'Empire. Voila
pourquoy la loy escrite de l'ancien testament, dit & veut que
tout aisné ou primogene soit
comme cler, voué & consacré
à Dieu, ce qui s'entéd du masle premier né, & non de la fille. Aussi pour ce suiect ne se
trouue point en tout le vieil

Testament qu'aucune femme
ayt succedé à la dignité de pre-
strise , ny encore moins au
Royaume de Iudee, qui fut le
premier Royaume estably de
Dieu sur le peuple d'Israël. Et
encore qu'on trouue escrit qu'
Athalie l'vsurpa & le tint peu
de temps contre raison ayant
tué tout le sang Royal, excepté celuy qui luy deuoit succeder, toutefois elle ny demeura
longuement pour autant que
de droit cela ne luy appartenoit
ains le tenoit par vsurpation:
Dieu permettant, que comme
malicieusemét elle y estoit en-
tree, aussi en fut elle deboutee
honteusement & mise hors du
Temple , puis apres occise &

massacree comme il se lit au
quatriéme liure des Rois chap.
vnziesme,

Pour la conseruation donc
de ce droit en l'escriture, Iacob
donnant la benediction à ses
enfans, quand il eust colloqué
au lieu de Ruben & de Simeó,
Ephraim & Manassé premiers
en pensee, & derniers en natiuité & loyer, il mit Leui au lieu
& comme Pape , & constitua
Iuda comme Roy. N'ayant dóc
esté donné de par Dieu, ny de
par Adam decision au contraire, il faut necessairement que à
Cain fust deu le droict de Papat, & à Abel le droit de l'Empire ou regne. A ceste cause
combien que Cain fust plus

4. liure des Roys ch. 11.

Genese chap. dernier.

Genes. 5.

mort en son peché qu'Abel,
par luy occis à cause & pour
l'appetit du droit temporel, neantmoins Seth est remis au lieu
dudit Abel, & non à celuy de
Cain, pource que mourant vn
Pape de quelque mort que ce
soit, depuis le commancement
du monde, les portes d'enfer ne
peuuent preualoir contre son
ordre, à cause qu'il depend seulement de Dieu. Mais estant
mort vn Prince temporel, à
cause que son ordre est infe-
rieur & par humain consentement esleu, soustenu & main-
tenu, il faut restituer son autheur combien que saincte-
ment & innocemment occis.
C'est pourquoy Sem, iaçoit

que comme homme il'euſt pere mere & genealogie, neantmoins comme Pape, & com-
me Melchiſedech, n'auoit ny
pere ny mere, mais eſtoit eter-
nel audit ordre deſcendu &
conferé du ciel.

Que la loy Gallique eſt vn fon-
dement de la premiere Inſtitu-
tion de la premiere langue, &
de la reſtitution temporelle.

CHAP. XIX.

Stant deſia, par ce
qui eſt dit cy-deſſus,
choſe toute reſoluë,
que le premier nom,

& par conſequent le premier
droict temporel du móde, c'eſt
le Gallique, il ne faut douter
qu'en la Gallique maiſon (principalement depuis que Gomer
aiſné de ce monde, fut, par les
Saincts Peres Noé & Iapet
conſtitué en ſon droict actuel)
ne fut la ſouueraine puiſſance,
tant d'ordonner comme d'ap-
prouuer les conſtitutions, qui
ſont pour la volonté de l'inſti-
tuteur ſeulement, ou pour l'vti-
lité de ſa poſterité. Car de tout
temps cela à eſté vſité, qu'il faut
que toute loy ou ordonnance
qui oblige vn peuple, prenne ſa
premiere force & vigueur par
vn chef entre pluſieurs ordonné, ou par nature ou par ele-

étion. Ainſi combien que d e-
puis la confuſion des langues
en Babylone, nous ayons en
Gaule changé de pluſieurs langues & conſtitutions, ſi eſt il
tout certain que la premiere v-
nité domeſtique, tant parler
comme de capituler enſemble,
procéda en toute l'Europe de la
Gallique maiſon. Donc il faut
neceſſairement que comme
Dieu, depuis le deluge, vouloit
ainſi que les hommes, comme
au commancement du monde
vſaſſent d'vne ſeule langue ainſi comme vne ſeule maiſon,
ſoubz vn ſeul Roy, vne loy, &
vne foy. Pour ceſte cauſe le
bon Pere Noé auquel eſtoit
deuolu le droit temporel d'A-

bel par la ligne des iustes, a-
uoit voulu de la lignée de Cain
prendre nostre commune mere Naomah, afin que le droict
du Papat violé par Cain fut en
luy deuolu pour sa posterité,
pour reduire le tout en vne seu-
le maison, tant en droit comme
en personne, ainsi comme au
commancement Dieu l'auoit
ordonné. Estant donc proce-
dée la loy Gallique de telle v-
nion & principe, il faut necessairement que soubs l'omnipo-
tente puissance de Dieu, cela
soit finallement mis en execu-
tion, qui à esté le premier dedans le vouloir de Dieu.

Comme la loy Gallique est la Premiere du monde.

CHAP. XX.

Ve le nom & le peuple Gallique soit le premier de tout le monde, les anciennes histoires le temoignent, & entr'autres, la raison de la Monarchie, la Gallique Appollogie, les droits de la Gaule, la vie de Ianus ou de nostre pere Noé, l'interpretation du Candelabre, l'exposition des quatres Pseaumes chantés sur le lys par Dauid, l'arbre de la secrette doctrine

Raison de la Monarchie chrestienne, la Gallique appollogie.

Lesdroits de la Gaule, la vie de Ianus ou de Noé. Interpretation du

candelabre, exposition des quatre Pseaumes chantez sur le lis par Dauid. L'arbre de la secrete doctrine des 72. auditeurs de Moyse. L'exposition du Prophete Abdias, celle de Daniel, & de Ruth. Iosephe. Berose.

De l'origine & vsance des septante deux auditeurs de Moyse, l'exposition du prophete Abdias, celle de Daniel, & celle de Ruth le testifient, auec beaucoup d'autres partie ia escripts ou interpretez de l'Hebrieu. Mais sur tout clairement le monstrera le liure de la Monarchie de Frāce. Les anciés autheurs tous sās exceptiō l'ont escrit, en Hebrieu & en Grec Iosephe, en Chaldee & en Grec Berose, en Arabique & punique, Bochus More, en Latin, Solin & Catō Romains, & en Grec Ammian Marcelin, parquoy ie ne le repeteray à present. Supposant donc cecy pour tout certain, ie prendray ceste necessaire conclu-sion. Il

sion. Il faut necessairement
que le peuple qui en droit de
temporalité a esté institué le
premier de tout le monde, aye
aussi tousiours gardé la premiere inferieure verité qui soit au
monde. Comme donc le peu-
ple Gallique est le premier de
tout le monde, il est pour tout
certain que sa loy, ou Salique,
ou Gallique, comme on la voudra appeller, à esté la premiere
institution temporelle qui soit
au monde. Car iamais peuple
ne fut sans loy & n'a eu loy
qu'il ne l'ait naturellemét gardee, soit en son cœur par con-
tinuelle coutume deuát quelle fust escrite, ou en son cœur
& en escrit ensemble. Estant

G

Bochus
More.
Solin.
Caton.
Ammian
Marce-
lin.

donc en nous la premiere chose du monde l'estre masle ou
femelle, & puis-apres le naistre
il est certainque la loy &l'ordre
que nature nous a de tout téps
mostré en la natiuité, veut naturellement estre ou dedans
nos cœurs, ou dedans la loy
gardee. Et ainsi la prerogati-
ue de l'ordre en la natiuité &
de la dignité masculine doit e-
stre chez nous gardee.

Comme les femmes doiuent estre excluses des dignitez supremes.

CHAP. XXI.

Omme c'est chose tres-certaine que le Royaume n'est pas proprement heredi-té, mais bien vne dignité regardant, ainsi que dit Franciscus de Maronis, l'administration de toute la chose publique: aussi est-il par consequent certain que les femmes pour plusieurs bonnes raisons doiuent estre excluses de la succession des couronnes, Sainct Gregoire le grand au

vingt cinquiesme liure de ses
moralles dit que l'vsage de la
vie anciéne n'estoit point que
les fémes hereditassent auéc les
masles, pource dit-il, que la se-
uerité de la loy, qui à tousiours
accoustumé d'élire les fortes
choses, s'y estudia plus à mettre auant, & à sentir les plus ai-
gres choses que les douces.
C'est à dire les hómes qui sont
plus habilles, plus robustes, &
plus puissans à deffendre que
les femmes qui sont molses,
fragiles & fresles de leur nature. Et se doit tenir ceste con-
clusion & maxime, entre les
personnes de dignité supremé,
cóme entre les oints & sacrez
& principalement entre les

Roys de France, ou la loy Salique s'est obseruee, & s'obser-
uera inuiolablement à iamais.

*Quelle cause de garder le droict
de primogeniture en France
n'a pas esté introduit fortui-
tement, mais est de droit ancien & des gentils.*

CHAP. XXII.

L est pour tout cer-
tain qu'vn peuple
quel qu'il soit gardât
vne coustume qui
ne luy est de nulle ou de petite
importance, la tient de toute
antiquité. Car voiat qu'vne loy

G iij

n'est vtile ny au peuple ny au
Prince, ains à tous dommage-
able est, par le vouloir & auto-
rité diuine & des premiers
hommes instituée. Combien
donc qu'à cause de l'ordre na-
turel, & pour quelque paix publique on se puisse quelque fois
mieux trouuer de soustenir les
princes de race, & de primogeniture qu'autrement, neantmoins on voit plusieurs grands
Estats auoir longuement duré
souz l'election. Or soit de nature, ou de race, ou d'ordre:
soit de grace, d'election ou de
vertu, ou faction, nous voyons
diuers pays & peuples, auoir
soubs leur Princes prosperé, &
quasi autant duré en l'vne in-

stitution qu'en l'autre. Car tous
hommes ont esté, & sont hommes, soit que la raison du sang.
soit que l'election ou vertu les
aye conduicts à la couronne.
Vray est qu'estant la vertu es-
gallement au sang & à la race,
comme elle seroit en vne personne élisible, il y a plus de paix
beaucoup en la race & nature,
qu'en la vertu simple, d'autant
qu'il est bien difficil e a cognoi-
stre & discerner ladicte vertu
est tãt impossible a l'vn & à l'autre possible, Car les honneurs,
pour le plus souuent changent
les mœurs tant de ceux qui ont
leur confirmation par le sang,
comme de ceux qui l'ont par
l'élection: tellement que le tout

G iiii

confideré vn peuple a nul ou
peu d'intereft de quelle forte il
y aye fes Princes. Parquoy il
faut conclure que par couftume ou par loy mentale & tacite, iadis dés le commancement
du monde telle couftume fut
dedans la terre Gallique introduicte, pour y eftre toufiours
gardée, quant à la couronne,
non pour le regard du Prince,
mais feulement pour monftrer
que la primogeniture vniuer-
felle de tout le monde, eft entre
toute la gent Gallique, en la
terre Gallique introduicte.
Pour autant donc qu'on n'euft
fceu garder parmy vn peuple
la memoire actuelle & couftu-
miere ou affiduellement re-

nouuellable qu'en souſtenant
les Princes en l'ordre de primogeniture le peuple Gallique
qui eſt né du fils aiſné de Ia-
phet, pour garder touſiours ladicte memoire, lors que par
cómune capitulation les Roys
furent receus des François cő-
tre les Romains, en la terre
Gallique. Ils y furent à telle
condition receus qu'ils garderoient deux parties de la ſuſdi-
cte loy Salique ou Gallique,
l'vne qui eſtoit & eſt en tacite
conſentement l'autre qui eſt
exprimee comme deſſus. Car
en gardant le ſuſdit droit d'aiſ-
neſſe entre ſes premiers Princes
du ſang, tel peuple monſtre
que combien que tel droit euſt

esté quelque temps interrom-
pu , neantmoins il à esté dés le
commancement dudit peuple
obserué.

Ceste Salique loy se peut
aussi appeller loy des gens parce que toutes les plus grandes
Monarchies & Royaumes du
monde ont esté successifs sans
y auoir iamais receu les femmes, soit des Assiriens, Medes,
Perses, ou autres peuples entre
lesquels sont aussi les Iuifs, qui
auoient leur Royauté establie
de la main de Dieu & de son
ordonnance speciale, combien
qu'elle soit generalle en toutes
les Monarchies. C'est pourquoy Agathias autheur
Grec & ancien dit que les

*Agathias
autheur
Grec.*

François auoiét choisi la meil-
leure forme de Republique
qu'il est possible, en ce qu'ils
n'auoient point d'autres Roys
que de droict successif. Ce qui
est aussi confirmé par Cedrenus *Cedrenus en ses hi- stoires.*
autre autheur ancien, disant
que c'estoit leur ancienne coutume. Et combié que plusieurs
raisons s'aleguent pour lesquelles les femmes ne doiuent
estre receuës à la couronne
d'vn Royaume, & porter le
sceptre d'iceluy, i'estime que
nos anciens François n'ont
point tant consideré ces choses
que la crainte qu'ils ont eu
qu'vne femme venant à la
Couronne les fit tomber en la
domination de quelque estrã-

ger par mariage ou alliance,
chose qu'ils ont de tout temps
euitée au plus qu'ils ont peu,
n'ayant craint, à ceste fin, d'en-
courir plusieurs dangers &
changer souuent de pays &
d'habitation : se conformants
en cela à la volonté de Dieu
qui defendit aux Iuifs de ne
laisser cheoir aucun estranger
sur leur throsne royal. A ceste
cause Paul Emille à tresbien
dit, que la loy Salique estoit le
Palladium de France. Car tout
ainsi que les Troyens ont eu
ceste oppinion que leur Royaume demeureroit ferme &
stable, tant qu'ils conserue-
roient & garderoient leur ima-
ge de Pallas qu'ils appelloient

Palladium, & lequel perdu leur Royaume fut ruiné, ainsi l'obseruance de la loy Salique en la succession du Royaume, à esté cause de la conseruation de cest Estat, & aduenant d'estre ostée & abolie, ce sera le comble de sa ruine. Et quand nous n'aurions point de tesmoignages si certains de ceste loy Salique, nous n'auons qu'à regarder ce qui à esté obserué en tel cas, depuis l'establissement de ceste Monarchie fait par Meroüée iusques à present, n'y ayant point de difference de monstrer sa volonté par escrit ou par effect estant certain que là où la loy escrite defaut nous deuons auoir recours à la com-

mùne obseruance ou coutu-
me en pareils cas, & principallement en ce Royaume qui
n'est point regy par droict escrit, ains par coutume. Durant
le regne de la race Merouin-
gienne la condition des Roys
descendans des enfans masles,
& ne laissant que des filles aduint
par plusieurs fois, sans que les-
dictes filles succedassent. Car
Clotaire premier succeda à
Childebert Roy de Paris son
frere, Gouttan, Sigisbert, &
Childebert à Charibert ou A-
ribert leur frere. Childebert
aussi son oncle, & aussi a Thierry & Theodebert ses cousins,
& non les filles que chacun
d'eux auoit laissees, & dont A-

*Preuues
que la cou
ronne de
France
n'est tom-
bee ez
filles.*

gathias autheur Grec, qui viuoit enuiron l'an cinq cens, fait
mention en parlāt dudit Childebert premier Roy de Paris.
En la lignee des Charliens ou
de Pepin telle occurence n'a-
uint point parce que tous les
Roys de ceste lignee succede-
rent en ligne directe de pere en
fils, iusques à ce que la couronne fut renduë à Hugue Capet
sans aucune occurence de filles. Mais soubs le regne des
Capeuigiens, Loys Hutin lais-
sa Ieanne de France sa fille qui
ne luy succeda en la couronne
Françoise, ains Philippe le
Long son frere, & qui laissant quatre filles. Charles le
Bel son frere succeda, lequel

aussi laissant vne fille, Philippe
de Valois son cousin, fils de
Charles 2. fils de Philippe le
Hardy eut la succession. Aussi
Loys Duc d'Orleans petit fils
de Charles cinquiesme succeda à Charles huictiesme son
cousin, & fut douziesme du
nom, combien qu'il y eust deux
filles de Loys vnziesme, &
pareillement François Duc
d'Angoulesme & premier du
nom succeda audit Loys douziesme qui laissoit deux filles:
puis Henry troisiesme à succedé à Charles neufiesme son
frere, qui auoit vne fille. Voila
comment & par texte expres
de la loy, & par la coustume &
commune obseruance du
Royaume

Royaume, les filles ont esté
perpetuellement excluses de la
succession de la couronne, &
dont il s'ensuit que les descendans d'elles en sont aussi excluses, estant vne maxime certaine & de droict, que de là où
les femmes sont excluses &
reiettees, leurs enfans masles
en sont aussi forclos & priuez.
Autrement si nostre Couronne pouuoit venir, aux masles
yssus des filles, il faudroit que
tous ceux qui se disent auiour-
d'huy Princes yssus des filles de
France, quitassent & remissent
tous leurs droits és mains de
Henry deuxiesme du nom
Roy de Nauarre, & à present
nostre Roy Loys treziesme

fils de tres-heureuse memoire
Henry quatriesme, comme fils
du petit fils de Madame Ieanne
de France, fille du Roy Loys
Hutin, qui espousa Philippes
d'Eureux, fils de Loys de Fráce
troisiesme fils de Philippe le
Hardy, & desquels ledit Roy
de France & de Nauarre est
descendu, & lequel auroit aussi
ce droit de par son ayeule pa-
ternelle Madame Françoise
d'Alençon, descenduë de
Charles de France second fils
dudit Philippes le Hardy, &
de par lesquelles il excluroit
dudit droit tous les autres, qui
se pretendent Princes François,
pour estre descendus desdictes
filles de France, comme estant

le premier en deux degrez &
branches, sur lequel les autres
auroient vsurpé depuis Hutin.

Comme la verité de la loy Sali-
que respond aux antiques &
premieres verités.

CHAP. XXIII.

COmme ainsi soit que
les droicts de la Mo-
narchie Gallique de-
pédét de ceux d'Abel
deuolus a Iaper en son aisné
Gomer, & que Dieu par la saincte escriture, le Ciel par l'A-
strologie, & l'humaine raison

par le benefice des histoires &
du droict ciuil concedent à la
Gaule, le premier droit humain
en vne temporelle Monarchie,
reste maintenant en ce lieu de
voir comme l'vsage & puissance de la loy Gallique consent
& s'accorde, auec la diuine, celeste, & humaine institution,
de telle sorte que la verité de
sadite force, côsone & respond
aux anciennes & premieres ve-
ritez du monde, puis qu'il à
donc ainsi pleu à Dieu de lier
le Prince tacitement soubz la
puissance de la loy Gallique,
venuë & tenuë d'ancienne origine, il est par consequent tres-
certain, qu'elle est en la force
du peuple & a son auantage

constituée, plus qu'en celle du Prince, affin aussi que quand la derniere trompette des puissances en principautez de ce monde sonnera pour faire par tout le monde rendre obeissance à Dieu & à sa Monarchie, les Gaulois en premier lieu se souslevent pour soustenir le Prince par eux esleu a la conseruation de ladicte loy Gallique. Car a la verité c'est chose admirable entre les hommes que les Roys de France, ayent iusques icy voulu si estroictement garder ladite loy purement humaine sans l'estimer diuine, que plustost ils ont voulu perdre en beaucoup de souches abolies leur droit a la couronne,

que d'y venir par droit de fem-
mé. Ainſi la diuine prouidence a voulu, que les Princes de
France obeïſſent a la loy Gallique & humaine de leur peuple,
pour monſtrer combien tels
Roys ſont obligez a garder la
diuine, celeſte & humaine loy,
qui leur donne le droit d'eſtre
vicaires temporels de Dieu en
terre. C'eſt donc l'eternelle
verité & diuine puiſſance qui a
ainſi aſſuieti les cœurs desRois,
les tournāt commeil luy plaiſt
pour le bien ou mal des ſuiets,
afin que par euxl'inferieure verité ſe gardaſt, en conſeruant
ainſi l'antique & diuine authorité du peuple Gaulois dedans
ladite loy Gallique.

Comme les Roys de France ont plustost voulu leur nom estre perdu & aboly, quand au droict de la couronne, que de violer la loy Gallique.

CHAP. XXIV.

L A memoire non fort ancienne de Loys douziesme du nom, monstre assez la verité de mon dire. Quand le Roy François de bonne memoire, combien qu'il n'eust point espousé Anne de Bretaigne sa fille, fut par la loy Gallique appellé a la Couronne. Ie

laisseray les autres interrup-
tions de maisons comme celle
de Merouée ou de Pharamond
finie en Childéric, celle de Pepin en Loys cinquiesme du nõ.
Celle de Hugues Capet en
Loys dixiesme, dict Hutin.
Celle de Charles le Quint en
Loys 11. & celle de Loys vnziesme en luy-mesme. Ainsi
donc Dieu à voulu tant assujet-
tir les Roys de la Gaule enuers
la loy de leur peuple Gallique,
affin que l'on cogneust qu'il
est en sa diuine protection plus
qu'aucun autre peuple de la
terre, luy gardant en cela ce
qu'il n'eust sceu garder sans
l'ayde diuin: affin que cognois-
sant le peuple comme ses Rois
pour vouloir garder ladi-

ste loy sont morts, quant à leur
nom & à la couronne de son
coste aussi le peuple s'efforce de
mourir pour son Monarque.
Certes la diuine prouidence
n'a voulu qu'aucun des Roys
pensast au dommage temporel
que luy cause telle obedience
deuë à ceste loy, car parauen-
ture il l'eust rompuë y pensant
côme aussi elle n'a voulu qu'auparauant le peuple Gaulois
pensast à la grande obeissance
qu'il doit à son Prince, par ce
que les choses de long temps
cogneuës se mesprisent & des-
prisent. De maniere donc que
telle pensée à esté desracinée
du cœur des Rois & du peuple
de par Dieu, affin que venans

maintenant à ouurir les yeux
de part & d'autre , ils cognoif-
fent clairement que la diuine
prouidence conduit & gou-
uerne le monde ainfi qu'il luy
plaift, principallement quant
aux corps des Eftats & Repu-
bliques, ne faifant en cela nulle
violence aux arbitres des particuliers, mais feulement ofte les
occafions de penfer aux cho-
fes qu'elles ne veut permettre,
qu'ils facent : par ainfi fortira
vn fruict infiny de ce qui n'euft
eftimé maintenant s'il fut efté
cogneu auparauant. Nous a-
uons iufques icy veu violer
tous droicts diuins & humains
par plufieurs Princes du monde pour maintenir leurs mai-

fons és regnes & Empires: tellement qu'il ny a eu si forte loy
ny constitution, qui n'ayt esté
rompuë pour donner les pater-
nelles successions esgalement
ou à fils ou à fille, ou à proches
parens venans de par les filles,
ou pour dire tout en vn mot
pour les dóner à ceux qui sem-
bloient mieux aux Princes deuoir soustenir & maintenir
leur nom & leur memoire.
Mais au contraire en France
nous voyons vne loy & vne
verité que l'on ne croit estre diuine, ains humaine seulement,
qui toutefois par les plus bel-
liqueux Roys du monde, &
entre les peuples à eux obeis-
fans, qui n'y auoient pas, ce

semble grand interest ny dommage, à esté en plus grande re-
uerence, & obseruée le plus
religieusement qu'oncques
qui fut iamais establie entre les
hommes, & ce au tres-grand
interest des Princes. C'est donc
Dieu seul, & nó les hómes, qui
à ainsi miraculeusement & sur-
naturellement voulu estre instituée vne telle loy, comme la
premiere & principalle de toutes les loix humaines : pour
monstrer que comme le nom
& le droict des Gaulois est le
premier de la terre, & de long-
temps institué auparauant l'institution de la loy escrite, aussi
l'on cogneust que la loy Gallique est la premiere & la mieux

Comme la loy Gallique doit e-
stre obseruée en toutes sortes
d'Estats, & comme tout peuple
huy doit estre assuiecty.

CHAP. XXV.

I L ny a eu iusques au-
jourd'huy grande
cognoissance de la-
dicte loy Gallique au
monde, sauf qu'en Italie entre
les Papes, en Allemagne entre les Empereurs, & en Angleterre entre les Roys du pais.
Estant donc ainsi comme nous
voyons que Dieu la voulu sin-

gulierement garder ceste loy
comme estant sienne propre,
& comme la clef, la base &
fondement de l'Inferieure verité, & partant ny a aucun doute, que quiconque l'a voulu en
quelque façon que ce soit abolir ou enfraindre, ne merite d'e-
stre, quant à son temporel E-
stat, par elle & par son Monarque assuietty, & destruict s'il
ny acquiesce. Car outre ce
qu'il appert par raisons innu-
merables que tout le monde v-
niuersel, tant de droict humain
que celeste & temporel, appartient en souueraineté aux ais-
nez & premiers : & qu'il est
tres-certain que comme toute iuste bonne & saincte loy

doit vaincre , abolir, ou pour le
moins soubmettre toute personne qui s'efforce l'enfraindre
ou l'annihiler : aussi la loy Gallique, comme fontaine de tous
les temporels droits de ce mõ-
de, doit, auant tout autre, vser
de tel droit. Et ne faut que nul
estime que la loy Gallique seulement estre celle qui parle de
non bailler la couronne Gallique en main de femme, mais
generallement, & la loy eternelle, & tout ce qui depend d'i-
celle: & partãt pour venir à telle fin sans faire tort a aucun, la
raison eternelle assuiettira tout
l'vniuersel monde à recognoistre les Princes de la Gallique
loy conseruateurs d'icelle. Car

il faut que de son obseruation
porte la force qui fera entrer
par vertu de raison tout le mõ-
de soubz l'vnion du regne de
Iesus-Christ.   A tel point sera
necessairement conduicte la
republique Gallique, que tout
l'vniuers depende de sa loy,
comme mesme ses Princes en
ont voulu dependre.

En quel degré on peut en France
succeder a la Couronne.

CHAP. XXVI.

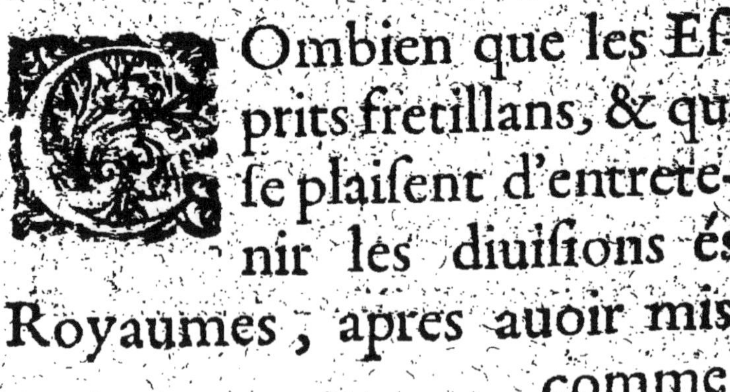

Ombien que les Es-
prits fretillans, & qui
se plaisent d'entrete-
nir les diuisions és
Royaumes , apres auoir mis

comme

comme en doute la loy Salique
se sont aussi auisez d'emouuoir
vne question, sçauoir iusques a
quel degré les Princes peuuent
auoir droict, & estre admis à la
successió de la Couronne, la ligue directe venāt a defaillir, &
sien tel cas le nepueu fils de lais-
né excluroit son oncle puisné:
tellemét qu'vn certain person-
nage ayāt fait vn discours sur la
dite loy Salique, a voulu mainte
nir que de droict ciuil & canon
le droict de succeder ne se peut
estendre outre le dixiesme degré, & que par consequent les
Princes de la maison de Bourbon descendus du Roy Sainct
Loys par Robert de France son
quatriesme fils seroient hors

du droict de succeder, comme
ayans outrepassé le dixiesme
degré de consanguinité: qui a
esté cause qu'vn docte homme
à faict vn examen sur ledit discours & par iceluy monstré
par les mesmes droicts & plusieurs notables exemples que
lesdicts Princes de la maison de
Bourbon sont en degré & rang
de succeder à ladicte Couronne, & que le nepueu fils de l'aisné excluroit l'oncle. De ma
part ie ne m'amuseray point à
repeter leurs raisons, ny à dis-
puter si nous deuons conter les
degres de consanguinité ou af-
finité és successions par les re-
gles du droit ciuil ou du droit
canon, combien qu'il soit aisé

de monſtrer qu'il ni a point de
different entre leſdits droits
ainſi qu'ont prouué pluſieurs
doctes perſonnages, & entr'-
autres Coras & Hotoman, ains
pour euiter de ne tomber en
cenſure, ie lairrai l'a ces loix e-
ſtrangeres pour dire le meilleur
aduis ſur ceſte queſtion par les
loix qui nous ſont propres, na-
turelles & domeſtiques, eſtant
certain que ce Roiaume n'eſt
ſuiet ni au droit ciuil Romain
ni au droit canon en ce qui
concerne la couronne & temporalité. Car encotes qu'aucunes des prouinces de ce Royaume ſe reglent en leurs actiós
ſuiuant le droict ciuil Romain,
ce n'eſt pas ſubiection, ains par

Coras
Hoto-
man.

ce qu'ils l'ont prins pour cou-
stumier par la permission de
nos Roys, lesquels vendiquans
la Gaule de la main des Romains, ont laissé les peuples de
chaque prouince viure selõ les
loix qu'ils auoient lors receuës,
tellemét que ceux queles Romains auoient desia si bien as-
suiettis qu'ils auoient esté con-
trains, auec la suiection, rece-
uoir les loix Romaines, les retindrent, y estans desia accou-
stumez, & ceux qui n'estoient
encore entrez enceste suiectiõ,
ont demeuré en leur anciennes
loix & coutumes, la generalité du Royaume ce neátmoins
estant regie par ses propres loix
& coutumes.

Donc puis qu'ainsi est que

la generalité du Royaume n'est
suiette aux droicts escripts Romains, ains se gouuerne par ses
loix propres, appellees coutumes, il faut auoir recours à icelles. Tous les vieux Praticiens
tant de la somme ruralle, grand
Coutumier de France, Stille de
Praticque, qu'autres demeu-
rent d'accord qu'ez successions
tant directes que collaterales,
representation à lieu infiniement, & viennét ceux du sang
à succeder a leurs parens dece-
dez, tant que le lignage se peut
precompter & trouuer, & en
quelque degré qu'ils soient é-
gal ou inegal, ce qui est encore
retenu par la pluspart des coutumes, qui retiennent quelque

Somme
ruralle
grand
coutu-
mier de
France,
Stille de
Pratique.

I iiij

chose de l'antiquité Françoise. Suyuant laquelle loy il
n'est besoing de regarder en
quel degré les Princes, de la
maison de Bourbõ ont auec le
Roy Héry dernier decedé, l'ou
uerture de la successiõ estát aduenuë, puisque leur lignage
& genealogie se peut precompter & est assez cogneuë & ve-
rifiee. C'est la loy generalle
de ce Royaume par laquelle le
mort saisit le vif son plus prochain heritier habile à succeder
& par vertu de laquelle le nepueu, fils de l'aisné excluroit non
seulement son oncle puisné,
de la maison, encore qu'il sem-
blast auoir quelque degré
au dessus de luy. Ce droit de
representation ayant tel pou-

uoir, que le repreſentant em-
porte en toutes ſucceſsions par
deſſus ſes oncles, le droit d'aiſ-
neſſe qui euſt appartenu a ſon
peres'il eſtoit viuant, & meſ-
mes Duchez, Comtez, Mar-
quiſats, & Baronnies qui ne re-
çoiuent diuiſion, ce qui doit a
plus forte raiſon auoir lieu en
la ſucceſsion de la couronne
qui ne ſe diuiſe point. Mais ces
diſcoureux pretendent que ceſte occurence eſt vne ſucceſ-
ſion collaterale, qui ne reçoit
repreſentation ſi generale que
les directes, ains ſeulement entre les freres & enfas des freres.
Ie confeſſe bien qu'aucunes de
nos coutumes particulieres
des Prouinces de ce Royaume,

I iiij

& des dernieres reformees, ont
retenu par la subtilité des Praticiens, ceste maxime és successions collaterales qu'ils ont
tirée du droict Romain, Mais
nostre loy generalle y repu-
gne, laquelle ne doit estre
reuoquee par les particuliers,
Et aussi quand telle succession
est aduenuë, ce n'a esté vne succession collaterale, d'autant
qu'auoir la Couronne ce n'est
succeder au Roy comme son
heritier, ains à la Couronne &
Royaume comme fils & re-
presentant S. Loys en ligne directe venant la lignee de l'aisné
à faillir, & ce en vertu de la loy
Salique & du Royaume, la-
quelle estat establie auparauāt

que les François establissent
leur demeure arrestee en France, à mis la Couronne & Royaume en droit de perpetuel
fidecommis & succession de
la ligne masculine des Roys,
sans qu'il soit en la puissance du
Roy regnant ou du peuple de
la transferer hors de la lignee,
tant qu'elle durera, ou en dis-
poser au preiudice de ladicte
loy. C'est pourquoy le Roy
François deuxiesme manda
aux Suisses, apres qu'il fut paruenu à la Couronne qu'il n'e-
stoit tenu d'acquiter les debtes
de son Pere que de sa volonté,
parce qu'il n'auoit la Couronne comme son heritier, ainsy
estoit paruenu par la loy du

Royaume. Et encore que vou-
lions accorder que ce fut vne
succession collaterale, & re-
straindre le droit de la representation entre les freres & enfans
des freres, le mesme fils de l'aisné est preferable à son oncle
puisné puis qu'il represente son
Pere, d'autant que par le droict
de representation celuy qui represente entre en mesmes degrez & droicts, que feroit celuy qui est representé s'il estoit
viuant, comme i'ay desia dit,
ce qui a lieu entre nous en toutes successions, quand les oncles & nepueux se treuuent
concurrans en vne succession,
en quelque degré que leur soit
conioint le decedé, auquel ils

succedent : tellement que si la
succession est de chose qui de
soy ne se puisse ou doiue diui-
ser, & que l'aisné eust du tout
emportée s'il eust vescu, son
fils representant, aura & em-
portera tel droict par dessus
son oncle & tous autres : comme mesme il est encore porté
& retenu par la pluspart de nos
coutumes particulieres, & no-
tamment pour les fiefs & seigneuries, ayans dignitez an-
nexees, ce qui se peut bien tirer
en argument du droict & succession de la couronne & du
Royaume. Voila comment ceste qu'estion se peut vuider &
terminer par nos loix propres
& confirmer tant par les raisõs

de l'origine & essance
de droit, & exemples alleguez
par l'autheur de l'examen dont
i'ay parlé, que plusieurs autres
raisons qu'vn esprit diligent
pourroit recueillir, que i'ob-
mets pour le present pour
cause de brieueté, & affin de
ne mesler rien d'estrange en
ce mien petit discours.

Genealogie & Representation de nostre Roy Loys XIII. du nom

CHAP. XXVII.

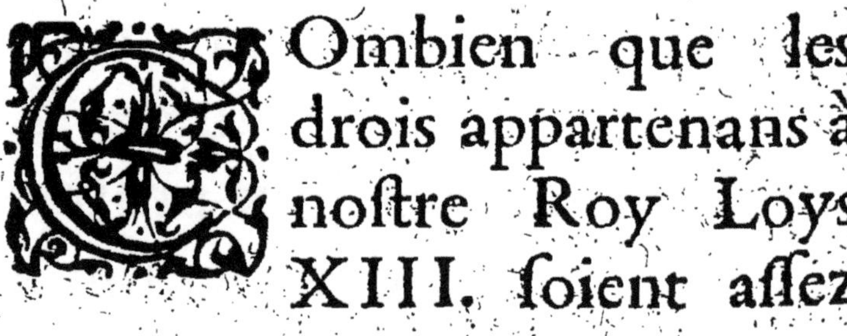
Ombien que les
drois appartenans à
nostre Roy Loys
XIII. soient assez

cogneuz, neantmoins i'ay bien
voulu rapporter icy ses Genea-
logies & droit de representatió
en ligne masculine, auec les al-
liacesqu'il a à la couróne à cau-
te des femmes, pour donner à
ceux qui ne sont cutieux de re-
chercher les histoires dequoy
clore la bouche aux seditieux.

Il represente donc Anthoine
de Bourbon Duc de Vendos-
mois, & Ieanne d'Albret Roy
& Royne de Nauarre, ses pere & mere : lequel Anthoine re-
presentoit comme fils aisné,
Charles Duc de Vendosmois,
& Françoise d'Alençon ses Pere & mere : ledit Charle representant François, qui represen-
toit Iehan, representant Loys,

qui reprefentoit Iacques Comte de la Marche, reprefentant Pierre Duc de Bourbon fon pere, qui reprefentoit Loys 2. Duc de Bourbon, lequel reprefentoit auffi Robert de France Comte de Clermont fon pere fils de Sainct Loys. Tellement que par cefte reprefentation noftre Roy Loys XIII. eft reputé mefme perfonne que ledit Robert de France.

Et eu efgard aux femmes, Ieanne Royne de Nauarre mere du feu Roy Henry quatriefme eftoit fille de Henry premier du nom Roy de Nauarre, & Marguerite D'orleans fœur du Roy François premier qui eftoient enfans de Charles Duc

d'Angoulesme fils de Iehan,
qui estoit deuxiesme fils de
Loys Duc D'orleans, fils puisné du Roy Charles cinquiesme. Aussi Henry premier Roy
de Nauarre estoit fils de Iean
Duc d'Albret, & de Catherine
fille de Gaston Prince de Vienne & de Magdelaine de France
fille du Roy Charles septiesme
& lequel Gaston estoit fils de
Gastõ Comte de Foix & Eleo-
nor d'Aragon Royne de Na-
uarre qui estoit fille de Blanche
de Nauarre & du Roi d'Aragon, ladite Blanche fille & he-
ritiere de Charles deuxiesme
Roy de Nauarre fils de Charles
premier & de Ieanne de France fille du Roy Iean, & lequel

Charles premier estoit fils de Phillippe d'Eureux, & Ieanne de France fille du Roy Loys Hutin, & iceluy Phillippes estant fils de Loys de France Cote d'Eureux troiziesme fils du Roy Phillippes le Hardi.

Pareillement Charles de Frace fut deuxiesme fils dudit Philippes le Hardy, & fut Comte de Valois, & eust pour fils aifné Philippes de Valois qui fut Roy, Charles Comte d'Alençon estant son puisné, qui fut pere de Pierre, pere de Charles dernier Duc d'Alençon, & de Françoise d'Alençon, mariée comme nous auons dit, à Charles de Bourbon Duc de Vendosmois desquels issurent

ledit

ledit Anthoine aisné grãd Pere
de noftre Roy, & pareillement
Charles Cardinal de Bourbon
& Loys Prince de Condé, qui
decedant à laiffé quatre enfans
mafles. Par là on peut cognoi-
ftre comme de tous coftez noftre Roy eft du fang royal de
France, & que la Couronne
luy appartient. Dieu le vueille
maintenir en paix, & luy donner regne heureux & profpe-
re, & victoire de fes ennemis.

K

DE LA MISSION
des trois Fleurs de Lis de France.

CHAP. XXVIII.

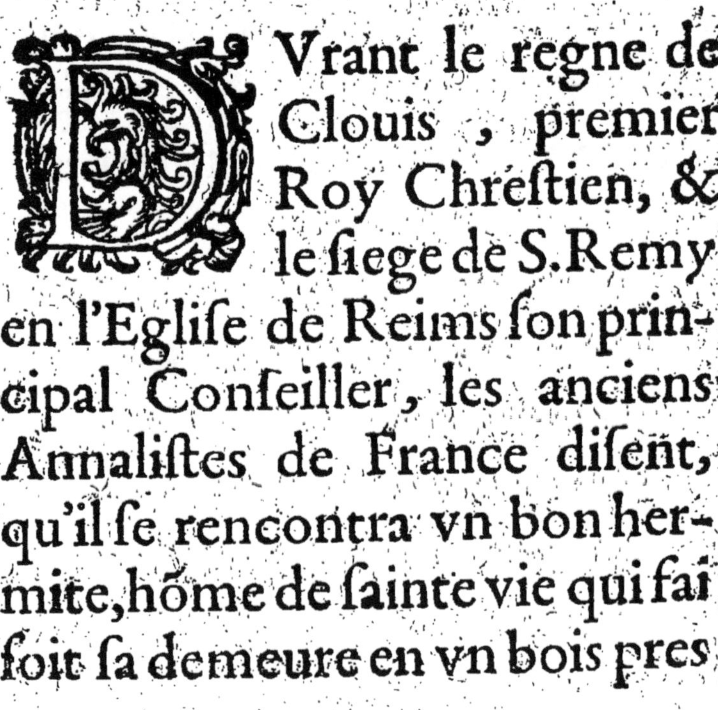

Vrant le regne de Clouis , premier Roy Chrestien, & le siege de S. Remy en l'Eglise de Reims son principal Conseiller, les anciens Annalistes de France disent, qu'il se rencontra vn bon hermite, hôme de sainte vie qui faisoit sa demeure en vn bois pres

vne fontaine au lieu qui à present est appellé Ioye en val en
la chastellenie de Poissi pres Paris, auquel hermite, Clotilde
femme dudit Roy Clouis a-
uoit grande côfiance, car à raison de sa sainctetéelle leuisitoit
souuent, se réconcilioit à luy,
& luy administroit ses necessi-
tez. Or vn iour arriua miraculeusement que pendant que le
saint hôme estoit en priere & o-
raisonv, n Ange s'apparut à luy,
& l'aduertit qu'il fit raser les armes des trois croissans que ledit
Clouis faisoit porter ensesban-
nieres, drappeaux & enseignes
de guerre : Combien qu'aucuns disent, que n'estoienttrois
Croissans, ains trois Crapaux,

*Ancien-
nes croni-
ques ch.3.*

& au lieu d'iceux que l'on por-
tait vn eſcu és armes & bannieres dont le champ ſeroit d'or
aſuré auec 3. fleurs de lis d'or.
Il y a bien du doute en cela, car
ie puis aſſeuré auoir veu à
Reims le ſuſdit ancien eſcuſſon de Frãce, au milieu duquel
eſtoient empreints trois Croiſ-
ſans ainſi diſpoſez.

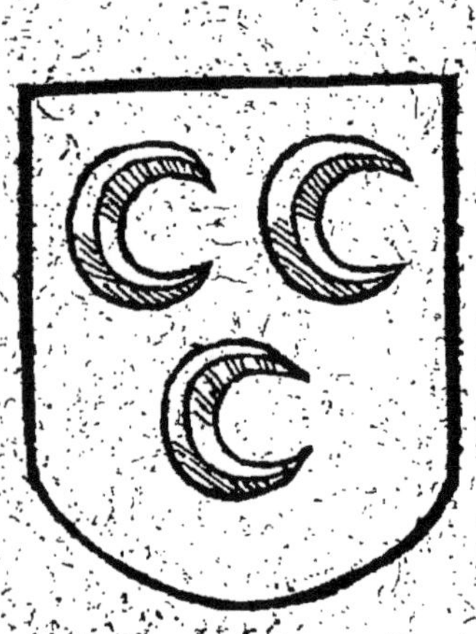

Cõme auſſi à Mõtargis ſe voi-
ent pareillement les trois Crapaux anciennes armes de Frã-

ce, disposez de la sorte,

Mais quoy que s'en soit l'Ange dit à l'hermite que telle e-
stoit la volonté de Dieu que les
Rois de France portassent d'o-
resnauant telles fleurs de lis en
leurs armes. L'hermite racon-
ta ce qu'il luy auoit esté reuelé
par l'Ange à Clotilde femme
de Clouis, laquelle incontinēt
fit effacer lesdits trois croissans
ou crapaux, & y fit mettre au

lieu, des fleurs de lis, & les enuoya à Clouis sõmary, qui pour
lors estoit en guerre contre vn
moy Sarrazin qui estoit venu
d'Allemaigne en France, auec
vne forte & puissante armee
laquelle tenoit assiegée la forteresse de Conflans sainte Ho-
norine prez Pontoise.   Clouis
portãt telles enseignes de guerre réporta la victoire contre ledit Roy Andoc nõmé : & cõbiẽ
que la bataille comméçast en la
ville, elle fut toutefois acheuée
sur la montaigne, en laquelle se
voit à present la Tour de Mõt-
ioye, ainsi appellée a cause de
la grande clameur & cry de
ioye que firent les Frãçois pour
la victoire obtenuë. Et en sou-

uenance & perpetuelle me-
moire de la mission desdictes
fleurs de lis, fut, en icelle vallee
fondé vn monastere de Reli-
gieux qui encore est appellé
l'abbaye de Ioyenual, à cause
de la sudicte mission desdictes
fleurs delis, qui furent enuoiees
a ce grand Roy Clouis.

K iiij

Interpretation des trois fleurs de lys diuinement enuoyees d'en-haut pour seruir d'armes & de blason aux Rois de France.

CHAP. XXIX.

Ar la specialle mission des trois fleurs de Lis il se peut assurement voir comme Dieu par dessus tous autres, à principallement chery & aymé les Roys de France, & les à voulu decorer & embelir de graces singulieres & preéminences specialles, ou par sus les autres Princes & Monarques de la terre: monstrant par

cela qui les a éleuz & choisis
pour estre les protecteurs de sa
loy. Cela se manifeste par l'interpretation des trois fleurs de
lis qu'il leur enuoya pour deuise & armoirie speciale, disposez de la sorte & maniere qu'il
se voit icy.

Car par icelles entenduës,
on peut voir qu'en vne fleur de
lis il y a trois fleurons, vn
grand au milieu , & deux

moyens d'vne pareille hauteur aux deux coſtez, comme
vous pouuez voir par la fleur
entiere: le haut fleuró du milieu
ſignifie la ſaincte loy & foy de
Ieſus-Chriſt, & les 2. de moyé-
ne hauteur, qui ſont l'vn à
dextre, & l'autre à ſeneſtres ſi-
gnifient ſapience & nobleſſe,
leſquelles ſontordonnees pour
ſouſtenir garder & defendre le
haut fleuró qui eſt au milieu des
deux, ſçauoir la diuine loy: l'v-
ne, c'eſt aſſauoir ſapiéce, par ar-
gumens, raiſons & bonne doctrine enſeignee par les Do-
cteurs, Clercs & vniuerſitez,
dont le Royaume eſt plus de-
coré que nul autre : & l'autre
par force & puiſſance d'armes

ce font les Princes, Barons, Cheualiers, & autres plusieurs nobles, dont le Royaume est remply.

Et faut icy notter que tousiours les Rois de France n'ont porté en leurs enseignes de guerre & escussons trois fleurs de lis, comme il se voit à present, mais bien, estoit tout le champ de leurs bannieres & escussons, parsemé de fleurs de lis sans nombre : Et ce arriua du temps du Roy Charles-sixiesme. Car ainsi que porte l'histoire ancienne des Roys de France, comme vne fois iceluy Roy Charles sixiesme s'occupoit au plaisir de la chasse prez Senlis fut trouué prins au mi-

Anciennes croniques narration de Charles 6.

lieu des laz vn cerf qui auoit au
col vne chesne ou collier de
cuiure doré ou estoit escrit en
caracteres anciens *Cæsar hoc
mihi donauit.* Et de la en auant
le Roy de son propre mouue-
ment volut porter en sa deuise
vn cerf vollant ayant vne couronne au col, & par tout où on
mettoit ses armes y auoit deux
cerfs vollans qui les souste-
noient d'vn costé & d'autre en
ceste sorte.

Semblablement voulut & ordonna que là où ſes prede-ceſſeurs Roys auoient porté en leurs armes vn eſcu d'azur tout ſemé de fleurs de lis ſans nom-bre, de là en auant, ils ne por-taſſent que trois fleurs ſeule-ment ordonnées comme deſ-ſus, finiſſant ledit eſcuſſon de Cerfs vollans, quant & quant le regne du Roy Charles ſixié-me comme obſeruent nos hi-ſtoires de France.

*Armes du Roy d'Angleterre,
lors qu'il se fit recognoistre
Roy de France.*

CHAP. XXX.

Anciennes croniques en Philippe 6.

EN l'an 1338. le Roy d'Angleterre Edouard passa la mer & amena auec luy sa femme qui estoit fille de Messire Robert d'Artois Conte de Henault, & niepce du Roy de France, & allerent en Allemaigne où ils firent plusieurs alliances. Et entr'autres auec Federic de Bauiere qui se disoit Empereur, combien quil fust excommunié de par le Pape, &

autres Seigneurs d'Allemaigne. Et les prenoit ledit Roy
d'Angleterre comme foudoiez
à certaine fomme de deniers à
condition que fi les payeméts
manquoient les alliances fe-
roient nulles:& vint ledit Empereur auec fes gens iufques à
Anuers, eftant fon armée de
trentedeux milles hommes de
cheual & deux cens mille hô-
mes de pied. Et fit ledit Empereur le Roy d'Angleterre Vi-
caire de l'Empire. Et alors par
le confentement & confeil de
tous ledit Roy d'Angleterre
changea fes armes & les porta
efcartelées des armes de France & d'Angleterre en cefte forte.

Et se nomma & s'intitula a-
lors Roy de France & d'Angleterre, chose qui desplut
merueilleusement au Roy de
France Philippes sixiesme du
nom, dit de Valois, & tacha
par tout moyens de s'en venger, comme il fit.

Vne autrefois du temps du
Roy Charles septiesme en l'an
1431. Henry le Ieune Roy
d'Angleterre aagé enuiron de
douze ans

douze ans, lequel estoit fils de
madame Catherine de France,
descendit en France & vint
droict à Paris accompagné du
Cardinal de Vicestre, du Duc
de Bethfort son oncle, du Cô-
te de Vvaruicts & autres seigneurs d'Angleterre, & fut
merueilleusement bien receu
des Parisiens. Et fit on plusieurs
misteres & diuerses represen-
tations par les ruës, qui estoient
toutes tenduës, & s'en alla lo-
ger au Palais. Tantost apres furent faicts en l'Eglise de Paris
de grands eschaffaux richemét
parez & ornez. Et le Dimanche
ensuiuant deuant lesdicts Princes & tout le peuple fut cou-
ronné Roy de France par ledit

L

Cardinal de Vicestre en ladicte
Eglise qui n'est pas le lieu accoustumé pour sacrer les Rois
de France, Et là y auoit deux
Couronnes dont l'vne luy fut
mise sur la teste, & l'autre estoit
tenuë auprès de luy; ce qui si-
gnifioit qu'il estoit Roy de
France & d'Angleterre. Et depuis iusques à l'duenement de
la Pucelle on scella à Paris de
son grand séel en la Chancelle-
rie, & ainsi s'intitluoit, *Henry
par la grace de Dieu Roy de
France & d'Angleterre.* Et en
sondit séel estoit pourtraict vn
Roy assis en vne chaire tenant
deux sceptres. Et par bas au costé droit estoit l'escu de France
& à senestre estoit l'escu d'An-

gleterre, escartelé des armes de
France & d'Angleterre. Et for-
gea on monoye blanche de dix
deniers tournois piece, au nom
& aux armes dudit Henry.

Armes du Royaume de Nauar-
re d'où sont venues.

CHAP. XXX.

Omme ainsi soit que
les Roys de Nauarre
soient descendus des
anciens Contes de
Tholouse. La premiere & plus
ancienne Cronique de Nauarre, comme aussi celle de France, disent qu'en l'an de grace

Cronique
ancienne
de Na-
uarre.

778. au téps que le Roy Charlemagne combattoit le Sesnes
Sarrasins en Espagne : vn certain Gascon Sarrasin nommé
Tersinus, qui estoit Seigneur
& Conte de Tholouze, vint
deuers ledit Roy Charlemã-
gne & se fit baptiser en sa pre-
sence. Ce qui pleust tant au
Roy, qu'en faueur de sa con-
uersion il luy remit entre les
mains les Citez & Seigneuries
de Tholouse, Bordeaux, Nar-
bonne, & Prouence, que ses
successeurs Sarrasins auoient
longuement possedees & gou-
uerçees, & lesquelles auoient
sur eux esté prinses par Charlemagne. Et fut, apres ceste re-
stitution, la Seigneurie de Tho-

louse erigee en Comté, dont
Tersinus en fut le premier
Comte Chrestien : qui peu
de temps apres alla assie-
ger Bayonne, la print &
de là passa au Royaume
de Nauarre, où il print,
plusieurs villes & forteres-
ses & s'en rendit le mai-
stre, & en fut le premier
Roy, ce qui auint tost a-
pres la mort dudit Char-
lemagne. Vne certaine nuit
ainsi comme il reposoit en
son lict apres la nouuelle
conqueste du Royaume, vn
Ange s'apparut à luy, l'aduertissant qu'il eut à changer les armes qu'il portoit
auparauant qu'il fust Chre-

stien, lesquelles estoient trois moutons ainsi disposez en cet escusson : lesquelles armes estoient celles que ses prede-cesseurs Sei-gneurs de Tholou-se a-uoient de tout temps portees en leurs drapeaux, enseignes & estendars de guerre & ce par idolatrie, d'autant qu'iceux Sarrasins Comtes & Seigneurs de Tholouse ado-roient le mouton & la bre-bis, & qu'au lieu de ces trois moutons, il eust à porter de là en auant en ses armes & bannieres luy & ses successeurs

douze pommes d'or en croix ainsi disposez, ce qu'il fit, & du depuis les Rois de Nauarre succef-seurs & issus des dits Có-tes de
Tholouse ne les ont changees,
bien est que ces douze pommes
d'or en l'escu de Nauarre ont
esté autrement disposees, ainsi
qu'il se voit par ce-ste fi-gure: & sont
les ar-mes que l'ó adiou-ste à preset és ban-nieres,
armes & deuises de France,

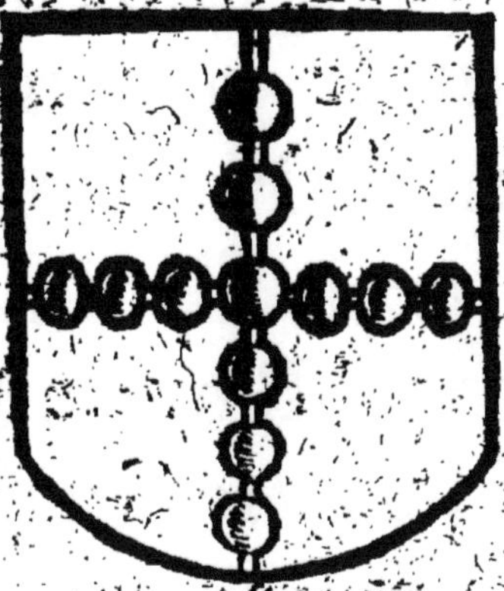

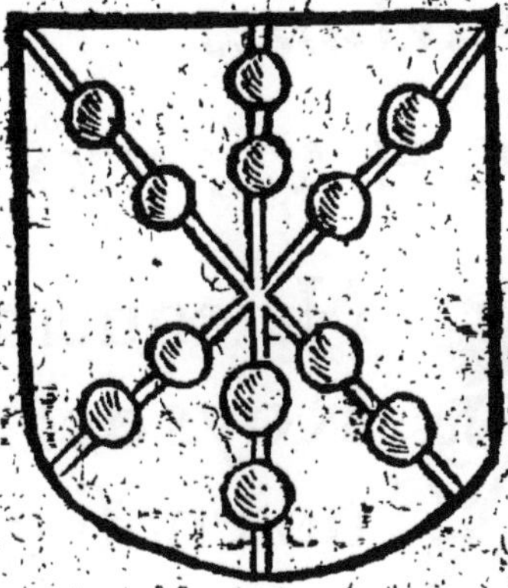

pource que nostre Roy Loys XIII. est le legitime heritier & successeur de la couronne & Royaume de Nauarre, le tenãt comme petit fils d'Anthoine de Bourbon, Roy de Nauarre, Pere de Henry le Grand de tres heureuse memoire.

De l'ancienne Mairie du Palais du Roy de France, & quel estoit le pouuoir & la puissance des Maires.

CHAP. XXXI.

Nciennement les Roys de France n'a-uoient si grande ny pareille authorité qu'ils ont a present, & du tẽps,

du Roy Clotaire 3. du nom,
iceux deuindrent paresseux,
lasches, pusillanimes & pleins
de lasciueté, parquoy ils n'e-
stoient tant renommez que
leurs predecesseurs auoient e-
sté, & comme sont ceux d'a-
present, de maniere qu'a cause
de ce, ils ne portoient que le nõ
& tiltre de Roy seulemẽt, sans
se mesler d'aucunes affaires.
Mais les Maires du Palais, estoiẽt
comme Connestables & gou-
uerneurs, ayans l'administratiõ
de toutes les affaires du Royaume tãt des finãces comme de la
guerre, & ne se faisoit rien que
par leur ordonnance & com-
mandement. Et vne fois l'an
ez calendes de May les Roys de

France, qui continuellement
se tenoient en leur Palais, sans
sortir ny s'entremettre d'aucune chose, venoient en l'assem
blee qui se tenoit en ceste saisõ
à Paris entre les gens des trois
Estats du Royaume pour conseiller & deliberer des affaires
publiques du Royaume. Alors
pendant ce temps se faisoient
lesdits Roys mener parmy les
ruës en grands chariots riche-
ment ornez, pour se monstrer
au peuple: puis entrans en la
salle desdits Estats assemblez
s'asseoiét en vn trosne ou haute chaire, la barbe longue bat-
tát leur poitrine, & les cheueux
espars sur leurs espaulles.

Ceste coutume de nourrir

longue barbe, & tenir longs
cheueux efpars fur les efpaul-
les, venoit de Clodio fecond
Roy de France payé, furnom-
mé le Cheuelu, qui ayant con-
quis fur les Romains tous les
pays de Bourgongne, Tholou-
fe, Angoulefme, & toute l'A-
quitaine, ordonna que de là en
auant les François porteroient
longue cheuelure enfeigne de
pleine liberté & franchife, cō-
tre le decret de l'Empereur Cæ
far, qui apres la conquefte qu'il
euft faicte du païs de Gaule, a-
uoit ordonné que lefdicts
Gaulois, en figne de feruitude
porteroient petits cheueux, &
en ce temps l'adoption des enfans fe faifoit par l'atouchemét

de la barbe de l'adoptant. Ce que du depuis ont obserué les François, voire mesme les Roys & ce iusques au temps de Charlemaigne.

Ainsi les Roys presidoient ez Estats, en pareil équipage que dessus, & saluoient tous ceux qui venoiét à l'assemblee, estoient saluez & honorez de leurs suiets, & là le peuple les nourrissoit & leur faisoit de grands dons & seruices. Et quand il venoit aucune Ambassade deuers eux, d'aucun Prince Estranger leur amy, ils faisoient responce telle qu'on leur enseignoit & non autrement : Puis l'assemblee rompuë s'en retournoient en leur

Palais, sans sortir iusques à l'an
ensuiuant : Et en ceste façon
les Maires du Palais gouuernoient anciennement les Rois
de France, sans qu'iceux entre-
prissent ny eussent cognoissance, des affaires de leur Royaume.

---

*Institution du Royaume d'Iue-
tot, son appellation, & antiquité.*

CHAP. XXXII.

E N l'an de grace 533.
Clotaire Roy de
Soissons auoit en sa
maison vn Cheuah-

*Histoire
ancienne
des Neu-
stres ou
Normans*

de Neuſtrie (à preſent appellée Normandie) du païs de Caux nommé Gautier d'Iuetot, lequel eſtoit ſon Chambelan, homme fort hardy & vaillant aux armes lequel fit pluſieurs beaux exploicts de guerre durant ſon temps & principallement contre les ennemis du nom Chreſtien, à raiſon dequoy il eſtoit fort aimé du Roy Clotaire, pour lors regnant en France. Toutefois aucuns par enuie (qui touſiours regne en la Cour des Roys) qu'ils luy portoient, par certains faulx rapports le mirent en haine & indignation enuers le Roy, tellement qu'il iura ſa mort ſelon les parolles qu'on luy auoit di-

ctes, parquoy ledit Gautier co-
gnoissant la fureur de Clorai-
re pour sauuer sa vie fut con-
trainct de s'absenter & s'en alla
par mer hors le Royaume, ou il
fut sans retourner par l'espace
de dix ans ou enuiron: pendant
lequel temps il fit grande guerre aux Sarrasins tant par mer
que par terre, & remporta sur
eux plusieurs belles victoires à
l'honneur & augmentation de
la foy Chrestienne. Apres il
s'en alla à Rome, ou le Pape le
receut à grande ioye & honneur, pour sa grande renom-
mée & vaillance publiée par
toute l'Italie. Et pource que ledit Gautier desiroit naturellement & sur tout s'en retourner

au pais de la naiſſance. A ſa re-
queſte le Pape eſcriuit au Roy
de France, & luy enuoya des
lettres en ſa faueur, apres auoir
apprins qu'il auoit eſté mis en
diſgrace par faux rapports, par
leſquelles lettres il prioit le Roy
qu'en conſideration de la fide-
lité grande & preud'homie par
luy recognuë en la perſonne
dudit Gaultier, enſemble les
ſeruices qu'il auoit faicts à la
Chreſtienté, il luy pleuſt le re-
mettre en ſa grace & le rapeller
en ſon Royaume. Ledit Gaultier apporta luy-meſme leſdi-
ctes lettres du Pape & s'en vint
trouuer le Roy Clotaire, qui
pour lors eſtoit à Soiſſons, où il
arriua le propre iour du Vendredy

dredy sainct. Et ainsi que le
Roy estoit en sa chapelle o-
vant le seruice, voulant adorer
la vraye Croix, ainsi que les fi-
deles ont accoustumé de faire
à tel iour: iceluy Gaultier entra
en ladicte Chapelle & presenta les lettres du Pape au Roy:
lequel de prime face ne co-
gneut point iceluy Gaultier, à
cause de la grande espace de
temps qu'il auoit esté absent
sas le voir: il print les lettres du
Pape & les leut, & recognoiss-
sant par les premieres parolles
ledit Gautier qu'il haissoit sans
se dauantage le contenu d'i-
celle, tout saisi de colere & de
fureur, print l'espée d'vn soldat
assistat sa Majesté, & de sa pro-

pre main l'occit & le tua. Ce
fait venu à la cognoissance du
Pape & des Cardinaux, en fu-
rét fort tristes & indignez, ayát
cet acte esté exercé en vn iour
de Vendredy saint, en vn lieu
sacré & au milieu de la celebra-
tion du diuin seruice. Le Pape
escriuit au Roy l'aduertissant
& admonestant qu'il eut à de-
mander pardon a Dieu, a l'E-
glise, & faire du bien aux hoirs
dudit Gaultier deffunct, autrement il l'excommuniroit luy
& tout son Royaume: par-
quoy ledit Clotaire par la deli-
beration de son conseil, ordonna que de l'a en auant les Seigneurs d'Iuetot & leurs hoirs
seroient quittes, libres, exemp-

tez & affranchis de tous hom-
mages, suiectiõ,& autres choses deuës par ladite terre aux
Roys de France, ayant seulement cedit Royaume d'Iuetot
le droit ciuil & commun en v-
sage duquel on se sert en France. Et de ce furent par ledict
Roy Clotaire, faites & icelles
lettres patentes, touchant ce
droict ceddé aux hoirs & heri-
tiers d'Iuetot, successeurs dudit
Gaultier occis.

CHAP. XXXIII.

EN l'an mil quatre cens quarante-huit, le Roy Charles VII. apres auoir pacifié les affaires, tãt de sõ Royaume, comme de l'Eglise des-vnie, ordonna & institua les Francs Archers, lesquels il voulut estre armez & habillez aux despens des habitans des parroisses de son Royaume, en telle sorte & maniere qu'ils fussent

toufiours prefts pour le feruir
quand il en auroit befoin, &
lorfqu'il les manderoit en ne-
ceffité de guerre. Et affin que
ces Francs Archers fuffent plus
obligez de ce faire, il les affran-
chit de toutes tailles & impofts
quelconques qui pourroient e-
ftre leuez fur le peuple pour le
fait des guerres : comme auffi
il voulut qu'ils fuffent exemp-
tés du guet & garde des portes
quelque part qu'ils fiffent leur
demeure. Et enuoya le Roy
Commiffaires expreffement
par tout addreffans leurs com-
miffions aux Baillifs & Senef-
chaux des pais pour eflire ceux
qu'ils verroient eftre propres &
fuffifans pour le feruil és occu-

rences & occasions de guerre
qui se pourroient offrir & pre-
senter. Mais leur regne & duree
ne fut que de 32. ans ou enuirô:
Car du temps du Roy Loys
vnziesme son successeur, c'est
assauoir en l'an mil quatre cens
quatre vingt : tous ces francs
Archers furent abolis, & casses
par tout le Royaume, par ce
qu'on disoit qu'ils faisoient &
commettoiét plusieurs crimes
& griefs au peuple de France.
Et au lieu d'eux le Roy delibe-
ra se seruir en temps de guerre
de gens estrangers , c'est assauoir des Suisses , & en enuoya
querir trois milles des plus bel-
liqueux & vaillans qui fussent
en tout le pais de Suisse, lesquels

ils entretint continuellement à
gages, & faisoit par chacun an
distribuer & enuoyer argēt aux
Seigneurs des cõmunautez des
Citez, Cantons & villes dudit
païs de Suisse, afin qu'ils ne
souffrissent ny ne permissent
que le Duc d'Austriche ny
autres en tirassent aucuns soldats pour faire guerre contre
luy.

De Rou Duc de Normandie,
lequel est regretté des Normans, par leur clameur de ha
Rou, quand on leur fait quelque tort.

CHAP. XXXIIII.

Ombien que Guillaume Rou fust inhabile à succeder au
Duché de Normandie, pour autant qu'il auoit esté
engendré d'vn Sarasin & d'vne femme Chrestienne, neantmoins par la puissance & impetuosité des Normans iceluy
Rou s'ensaisina dudit pais. Car

les Rois de Frãce eſtoient pour
lors pauures, & fallut qu'ils le
ſouffriſſent regner en ſa Duché,
& non ſeulement luy, mais encore tous les ſucceſſeurs ont
ainſi ioüy de ladicte Duché à
mauuais titre. Iceluy Rou fut
ſi grand & rigoureux Iuſticier,
que les Normans ont encore
de couſtume, quand on leur
fait quelque tort de l'appeller à
leur aide en crians *ha! Rou.*
Iceluy Rou fonda l'Egliſe de
noſtre Dame de Roüen, & y
eſt enterré en la Chappelle
Sainct Romain, qui eſt la plus
haute au coſté droit de l'entrée
de la nef d'icelle Egliſe, & treſ-
paſſa en l'an de grace neuf cens
dix ſept, & ſont cesvers grauez

Liure des antiqui- tez de la ville de Roüen.

De Rou Duc de Normandie,
sur son sepulchre, en souue-
nance & memoire perpetuelle
de luy.

Dux Normanorum cuncto-
rum norma bonorum,
Rolo ferus fortis, quem gens
normanica mortis
Inuocat articulo, hoc iacet in
tumulo.
Ipse, prouideat tua clementia
Christe,
Vt semper videat cum cetibus
angelicis te.

F I N.